袁涤非 主编

国礼仪文化丛书

nese Etiquette Culture Book Series

涉外礼仪

中国礼仪

□ 杨湘雨 谈馨 袁涤非 编著

东北大学出版社

© 杨湘雨　谈 馨　袁涤非　2018

图书在版编目（CIP）数据

中国礼仪. 涉外礼仪 / 杨湘雨，谈馨，袁涤非编著
. — 沈阳：东北大学出版社，2018.4（2025.2 重印）
（中国礼仪文化丛书 / 袁涤非主编）
ISBN 978-7-5517-1871-4

Ⅰ. ①中… Ⅱ. ①杨… ②谈… ③袁… Ⅲ. ①外交礼
节－基本知识－中国　Ⅳ. ①K892.26

中国版本图书馆 CIP 数据核字（2018）第 090626 号

出 版 者：东北大学出版社
地　址：沈阳市和平区文化路三号巷 11 号
邮编：110819
电话：024-83683655（总编室）　83687331（营销部）
传真：024-83687332（总编室）　83680180（营销部）
网址：http://www.neupress.com
E-mail：neuph@neupress.com
印 刷 者：辽宁一诺广告印务有限公司
发 行 者：东北大学出版社
幅面尺寸：170mm×240mm
印　张：12　　　　　　　　字　数：190 千字
出版时间：2018 年 4 月第 1 版　印刷时间：2025 年 2 月第 3 次印刷
策　划：郭爱民　　　　　　　责任编辑：赵子旭　牛连功
责任校对：杨世剑　　　　　　封面设计：琥珀视觉

ISBN 978-7-5517-1871-4　　　　　　　定　价：58.00 元

— 序 —

于治国而言，"治国不以礼，犹无耜而耕也"；于修身而言，"今人而无礼，虽能言，不亦禽兽之心乎?"礼仪是人内在品德修为的外在表现，在中华民族的传统美德中占有十分重要的地位。当前，中国特色社会主义伟大事业已进入新时代。"仓廪实而知礼节"，在经济社会迅速发展、国人物质生活得到前所未有满足的新形势下，礼仪文化建设作为社会主义思想道德建设的重要内容，作为培育和践行社会主义核心价值观的重要手段，弘扬与规范之，可谓恰逢其时。

中华民族是礼仪之邦，以编辑文献的形式约定礼仪规范古已有之。西汉礼学家戴圣编纂的《礼记》（又名《小戴记》《小戴礼记》），选编了秦汉以前的各种礼仪论著（如《曲礼》《檀弓》《王制》《月令》《礼运》《学记》《乐记》《中庸》《大学》等）49篇，既确立了礼仪规范的基本标准（即"傲不可长，欲不可纵，志不可满，乐不可极)，又从道德仁义、教训正俗、分争辨讼、尊卑长幼、宦学事师、班朝治军、莅官行法、祷祠祭祀等方面阐述了礼仪的广泛用途，还制定了大至国家祭祀、小至家庭婚丧之丰富而具体的行为规范，影响中国1700余年。然而，我国现代礼仪文化研究起步很晚，对礼仪文化的研究还处于初级阶段。礼仪文化作为一门内涵小、外延广的边缘学科，还远远不能满足现代文明社会的需求，其科学性、系统性还有待提升到一个新的高度。我和湖南省礼仪文化研究会的各位同人，在从事礼仪文化的研究、教学、培训和推广过程中，常常因文献和教材不足而颇感遗憾。同时，作为礼仪文化工作者，我们也感到自身所肩负的重要责任。因此，我们试图通过撰著"中国礼仪文化丛书"为礼仪文化发展作一些有益的探索，怀抛砖引玉之心，为礼仪文化不断进步略尽绵薄之力。

对礼仪的分类，古已有之。传统礼仪有吉礼、凶礼、军礼、宾礼、嘉礼"五礼"之说。我们选择《公务礼仪》《商务礼仪》《服务礼仪》《医护礼仪》《形象礼仪》《生活礼仪》《言谈礼仪》《餐饮礼仪》《职场礼仪》《涉外礼仪》《儿童礼仪》作为丛书的

11 个分册，一方面是因为这 11 个专题的礼仪具有鲜明的现代社会特点，贴近日常工作和现实生活；另一方面，它们所包含的礼仪文化内涵无疑是现代礼仪的应有之义。当然，这与我们当前对礼仪文化研究业已取得的成熟成果分不开。

丛书的内容选择偏重于实践。其一，注重继承和弘扬中华民族优秀礼仪传统。中华礼仪源远流长，几千年中形成的礼仪传统符合大多数国人的心理定势，其中相当大的部分现在仍然适用。其二，单设分册介绍涉外礼仪内容。全球化是当今世界大势所趋，文化大融合不可逆转。借鉴和吸收世界各地的优秀礼仪文明，有利于在国际交往中传播中华礼仪文化、展示国人礼仪形象。其三，中华人民共和国成立已近 70 年，有必要在社会主义核心价值观和公民道德规范框架下，建立新时代中国特色社会主义礼仪规范体系。我们尝试从贴近大众生活的 11 个方面入手，探索建立一套切实可行的，能提升公民道德修养、提高社会文明程度的礼仪规范，并通过我们的教学、培训和读者的阅读，身体力行予以弘扬。其四，除了社会大众需要遵守的一般礼仪规范，我们还根据部分特定场合、特定人群、特定职业的不同特点，有针对性地总结和制定了一些针对特殊需要的礼仪规范，以增强"中国礼仪文化丛书"的实用性，更好地指导人们把学到的礼仪规范运用到生活和工作中。

参与丛书撰写的 33 位作者，都是湖南省礼仪文化研究会的中坚力量。他们不仅是长期从事礼仪教学、研究的优秀学者，还是在医疗护理、企业管理、市场营销、心理咨询、幼儿教育等一线工作的佼佼者。他们既有较深厚的理论功底，也有丰富的实践经验。丛书凝聚着作者们的智慧及心血。那些娓娓道来的礼仪阐释、生动有趣的礼仪案例、标准规范的礼仪影像，一定能让读者诸君学有所获、学有所用，使大家成为真正有修养、有品位、有风度、有气质，懂得爱己爱人的现代人。

袁涤非

2018 年 4 月于岳麓山下

— 前言 —

　　本书立足培养外向型经济发展所需的涉外商务人士，系统介绍了涉外人士在涉外活动中应该具备的礼仪素养。本书共分为六章，分别是绪论、涉外个人形象礼仪、涉外交际礼仪、涉外工作礼仪、境外旅游礼仪和涉外餐饮礼仪。本书在编排上集理论与案例分析于一体，用语简单明了，案例丰富多样，形式图文并茂，具有较强的指导性、实用性和可操作性。

编著者

2018 年 4 月

目　录
Contents

第 三 章　涉外交际礼仪

第 四 章　涉外工作礼仪

第 五 章　境外旅游礼仪

第 六 章　涉外餐饮礼仪

第 一 章

绪论

　　在现代社会中，礼仪往往是衡量一个人文明程度的准绳，是一个国家社会风气的现实反映，是一个民族精神文明和进步的重要标志。礼仪已经渗透到了社会生活的各个环节、各个领域，无论是对个人、对国家，还是对社会的发展都起着越来越重要的作用。本章着重介绍了中国礼仪的起源和发展，明确了礼仪的内涵和定义，阐述了礼仪的特征、功能、作用，最后介绍了礼仪的一个重要组成部分——涉外礼仪。

　　随着经济的不断发展，我国与其他各国的交往越来越密切，尤其是"一带一路"战略思想的提出，更加强了我国与世界各国的交流与合作，也给各行各业带来了更多的机遇。在与世界各国交往的过程中，自觉遵守并应用有关国际交往的行为准则，展现的不仅是个人的形象，更是国家的形象。所以，学习并掌握涉外礼仪，越来越重要。

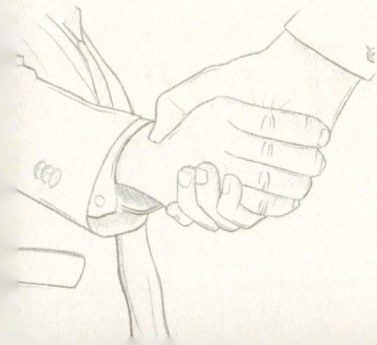

第一节 礼仪概述

💬 案例导入

当众脱鞋的双星集团总裁汪海

随着全球经济一体化进程的加快，中国的对外贸易规模不断扩大，此时，已经是"中国鞋王"的双星集团总裁汪海，在中国已难觅敌手。为了让双星能够潇洒地"走"向世界，1992年，汪海在美国纽约召开了新闻发布会。

在发布会上，记者询问了汪海许多问题，汪海都对答如流，气氛很热烈。就在发布会快要结束时，有一名来自某鞋业杂志社的记者提问："你们生产的运动鞋为什么取名叫双星，是不是代表了精神文明和物质文明？"汪海微笑着回答："也可以这样理解，双星中的一颗星代表着东半球，另一颗星代表着西半球，我们要让双星运动鞋潇洒地走向全世界。"这名记者并未被这番豪言壮语打动，她观察很仔细，看到汪海身着西装，脚穿皮鞋，立刻问道："请问先生，您脚上穿的是什么牌子的鞋？"这句话用意很明显，如果你穿的是双星鞋，那是理所应当，如果穿的是其他牌子的鞋，或者是"洋货"，那就说明连你自己都不愿穿双星鞋，还谈什么潇洒走向世界。汪海见此情况，并未慌张，而是沉着自信地回答："谢谢这位女记者的提问，在公开场合脱鞋是非常不文明的行为，特别是我们中国，以礼仪之邦著名，但是你问了这个问题，我只能破例了，也谢谢你给我公开场合脱鞋的机会。"说着，他把自己的鞋脱了下来，高高举起，指着鞋内的商标，大声说道："DoubleStar（双星），这里面就是双星，要是不相信你拿去看看。"此时，全场响起了热烈的掌声，记者们纷纷拍下这个镜头，还说笑道："这是脱鞋打广告呀！"

第二天，美国纽约的各大报纸纷纷刊登出这幅图片，有名《纽约时报》的记者这样评述："在美国脱鞋的共产主义国家的人有两个：一个是前苏联的领导人赫鲁晓夫，他脱鞋敲桌子表明了一个共产主义国家的傲慢无礼；另一个是来自中国的双星集团总裁汪海，他脱鞋表明了中国的商品要征服美国市场的雄心！"

尽管这件事情已经过去 20 多年，但仍让人津津乐道，感慨良多！

一、礼仪的起源与发展

中华文明上下五千年，中国素有"礼仪之邦"的美誉。五千年的悠悠岁月中，随着生产力水平的提升、社会的发展，人类社会化属性的日益增强，礼仪文化的内涵日渐丰富，终于达到今日之博大精深。但这种发展并未呈现出直线上升的趋势，其间的曲折跌宕，一如中国波澜壮阔的历史。

（一）礼仪的起源

从原始社会起，礼仪之根就开始萌芽，但当时的礼仪主要是一些礼节。最早的礼节用于对神灵的祭祀，所以就有了"礼立于敬而源于祭"的说法。

原始时期的人类面对变幻莫测的大自然，显得十分稚弱，无法解释千变万化的自然现象和突如其来的自然灾害，因此认为是鬼神、祖先在主宰人类的一切。人们开始用当时的一些精致、豪华的食具作为礼器进行祭祀，以表示他们对神灵、对祖先的敬畏，祈求保佑，祈求平安。这种祭祀活动可以看作礼仪的萌芽。

同时，随着家庭的形成，做父母的要抚养和关爱幼小的尚不能独立生活的子女；子女长大成人之后，则要赡养年迈的父母；兄弟姐妹之间也要互相关爱。早在尧舜时期，"五礼"（即父义、母慈、兄友、弟恭、子孝）就已形成，这对家庭成员之间的关系做出了明确的规定。这时，礼仪把家庭成员的言谈举止规范化了。

在社会活动中，人与人之间也渐渐形成了最初级、最原始的礼仪。在狩猎、耕种和部落之间的争斗中，同一群体中的人通过用眼神、点头、拉手等来示意互相之间如何配合。日常生活中，人们不自觉地用击掌、拥抱、拍手来表达欢快的感情，用手舞足蹈来表示狩猎获得食物的喜悦。人们之间这种相互的呼应、关照，逐步形成了一种习俗，这便是最初待人接物的礼节（现在的握手礼就始于原始社会），所以，礼仪成为当时人们交往沟通的一种"语言"。

原始社会后期，随着社会的发展，人们在生产和生活中的分工越来越细，于是产生了发号施令的领导者和服从安排的被领导者。为了维护领导者的地位，体现领导者和被领导者的等级差别，出现了尊卑有序、男女有别。例如：左尊右卑；在重大场合上，习惯以主人或东道主的左侧方位为尊位，其右侧为卑位。此时，礼仪又成了维系等级差别的需要，成为领导者教化子民、维持领导地位的工具。

所以，礼仪在萌芽时期，主要用于祭祀、规范家庭成员言行举止、人际交往中待人接物以及维护领导者的统治地位。

（二）礼仪的发展

每当中国进入一次大变革、大发展的历史时期，礼仪也随着时代的变迁而不断演变、充实和更新。漫长的礼仪文化发展史，可以大致分为礼仪孕育时期、礼仪形成时期、礼仪变革时期、礼仪鼎盛时期、礼仪衰落时期及现代礼仪时期。

1. 礼仪孕育时期

礼仪起源于距今百万年前的原始社会时期，随着人类逐渐进化而不断丰富、演变。在原始社会中、后期就孕育出早期礼仪的"胚胎"。比如，距今约 1.8 万年前的北京周口店人，已经会使用穿孔的兽齿、石珠作为装饰品，穿戴在脖子和手上。他们还会向逝去的族人周围撒放赤铁矿粉，以表示对族人去世的哀悼，这也可以说是中国历史上出现最早的宗教葬礼。

2. 礼仪形成时期

公元前 21 世纪至公元前 771 年，中国由金石并用时代进入青铜器时代。金属器皿的使用，把农业、畜牧业、手工业生产带到一个全新的时期。随着生产水平的大幅提高，除消费外，开始有了剩余，于是有了不劳而获的统治阶级与辛苦劳作的被统治阶级，由此产生了阶级对立，原始社会彻底瓦解。

在这个时期，由于中国刚从原始社会进入早期的奴隶社会，尊神活动仍被延续，并有日渐升温的趋势。在原始社会，由于缺乏科学知识，人们对于许多自然现象还不太理解，因此他们敬畏和祭祀"天神""河神"。在某种意义上，早期的礼仪是指原始社会人类生活的若干准则，也是原始社会宗教信仰的产物。

直至周朝，礼仪开始有所建树。周武王、辅佐周成王的周公，对周代礼制的确立都起到了重要作用。他们制作了礼乐，将人们的行为举止、道德情操等全部纳入当时的社会体制中，形成了一个尊卑有序的社会。《周礼》是中国流传至今的第一部礼仪专著，整理了周朝的官职表，用于讲述周朝的典章制度。由此可见，许多基本礼仪在商末周初便已基本形成。

在西周，青铜礼器已开始盛行，它是个人身份的象征——礼器的多寡代表身份地位的高低，显示权力的等级。在当时，贵族身上一般都佩戴成组的玉石，以显示身份地位。同时，尊老爱幼这类深入人心的礼仪规范在西周已蔚然成风，如当时孔子的"入则孝，出则悌，谨而信，泛爱众，而亲仁，行有余力，则以学文"，孟子的"老吾老以及人之老，幼吾幼以及人之幼"等都成为教育后人尊老爱幼的名言警句，至今也是人们的行为准则。所以，西周时期应该是礼仪的形成时期。

3. 礼仪变革时期

春秋战国时期，以孔子、孟子为代表的儒家系统地阐述了礼仪的起源、本质和功能。儒家文化一直主导着我国封建社会，影响达几千年之久。儒家思想宣扬"礼教"，提出以"修身""真诚"为本，认为在各种伦理关系中，对人诚实无妄才是"礼"的最高境界。孔子非常重视礼教，将"礼"作为治国、安邦、平天下的基础，他倡导用"礼"来约束和规范人的行为准则，认为："不学礼，无以立。""君子义以为质，礼以行之，孙以出之，信以成之。君子哉！"意思是说：君子要以义作为根本，用礼加以推行，语言表达要谦和，待人处世态度要真诚，这才称得上是谦谦君子。孟子提出"五伦"(即君臣、父子、兄弟、夫妇、朋友五种人伦关系)，倡导父子之间有骨肉之亲，君臣之间有礼义之道，夫妻之间挚爱而又内外有别，老少之间有尊卑之序，朋友之间有诚信之德。这是处理人与人之间关系的道理和行为准则。这一时期，除儒家之外，还有其他思想主张，如：道家崇尚自然无为、独善其身，主张废除一切礼仪；法家推崇强权政治，主张以法代礼；墨家主张平等、博爱、利他，以义代礼。各家的主张虽然不同，但正是这种百家争鸣、各种思想相互吸收和融合，才使礼仪的内涵发生了较大的变革。所以，春秋战国时期是礼仪的变革时期。

4. 礼仪鼎盛时期

公元前 221 年，中国历史上第一个中央集权制的封建王朝——秦朝——建立了。秦始皇在全国推行"书同文""车同轨""行同伦"，成为延续两千余年的封建体制的基础。

西汉初期，思想家董仲舒把封建专制制度的理论更加系统化，提出了"唯天子受命于天，天下受命于天子"。他把儒家礼仪概括为"三纲五常"，即"君为臣纲，父为子纲，夫为妻纲"和"仁义礼智信"。他还提出了"罢黜百家，独尊儒术"的思想，让儒家礼教成为了定制。

汉代，一部包罗万象、堪称集上古礼仪之大成的《礼记》问世，它把奴隶社会和封建社会的礼仪汇集成册，成为封建时代礼仪最经典的著作。其中，有讲述古代风俗的《曲礼》，有谈论饮食和居住文化的《礼运》，有记录家庭礼仪的《内则》，有记载服饰礼仪的《玉藻》，有论述师生礼仪的《学记》，还有教授人们道德修养的《大学》。《礼记》对礼仪分类论述，内容十分丰富。

唐宋时代，《礼记》已由"记"上升为"经"，出现了以儒家思想为基础，融合道学、佛学思想的理学，朱熹便是其中的主要代表人物。他指出："仁莫大于父子，义莫大于君臣，是谓三纲五常之本。人伦天理之至，无所逃于天地间。"这一时期对于家庭礼仪的研究也是成果颇丰。在大量的家庭礼仪著作中，《朱子家礼》《司马氏书仪》最著名。前者相传为朱熹所著，后者为司马光撰写。

所以，这一时期的礼仪研究硕果累累，礼仪形式的发展也日趋完善，忠、孝、节、义等礼节也日趋繁多。无论是内容还是形式，礼仪都进入了鼎盛时期。

5. 礼仪衰落时期

清朝入关后，开始逐渐接受汉族的礼制，并使其复杂化，让礼仪变得死板、烦琐。如清代的品官相见，当品级低者向品级高者行跪拜礼时，一般是一跪三叩，甚至三跪九叩。清代后期，贪污腐败盛行，官员腐化堕落，封建社会由盛转衰。随着洋务运动的兴起，西方礼仪开始传入中国，而西方礼仪与中国推崇的礼仪思想有很大的差异。所以，这一时期中国的传统礼仪规范无论是内容还是形式，都受到了西方礼仪的强烈冲击，出现了"大杂烩"式的礼仪思想，封建礼教开始土崩瓦解。

6. 现代礼仪时期

清末，鸦片战争打开了中国长期封闭的大门，国人开始了解西方的政治、经济、文化。大批爱国人士为寻找富民强国的道路，在把西方的文化、科技引入中国的同时，也把西方礼仪介绍进来。辛亥革命之后，封建王朝覆灭，中国人民为摆脱封建礼教的束缚而不断地进行变革。直到1949年10月，中国进入一个崭新的时期，封建礼教被彻底废除，逐步形成了现代礼仪。

改革开放以来，随着中国与世界各国交往的日趋频繁，在我国传统礼仪的基础上，融入了西方先进的礼仪文化，形成了中国特色的新型社会关系和人际关系，那就是：平等相处，团结友爱，互帮互助，礼尚往来。礼仪从内容到形式都在不断变革，构成了社会主义礼仪的基本框架，现代礼仪进入了全新的发展时期。2005年，中央电视台一系列"迎奥运，讲文明，树新风"公益广告热播，各行各业的礼仪规范纷纷出台，如政务礼仪、商务礼仪、服务礼仪、教师礼仪、医护礼仪、国际礼仪等，社会上还出现了各种针对不同年龄、不同阶层的礼仪培训机构，如儿童礼仪、中学生礼仪、大学生礼仪、求职礼仪、职场礼仪等，人们越来越深刻认识到"不学礼，无以立"的道理，学习礼仪知识的热情日益高涨。

2017年10月18日，习近平总书记在党的十九大报告中强调："要提高人民思想觉悟、道德水准、文明素养，提高全社会文明程度。广泛开展理想信念教育，深化中国特色社会主义和中国梦宣传教育，弘扬民族精神和时代精神，加强爱国主义、集体主义、社会主义教育，引导人们树立正确的历史观、民族观、国家观、文化观。深入实施公民道德建设工程，推进社会公德、职业道德、家庭美德、个人品德建设，激励人们向上向善、孝老爱亲，忠于祖国、忠于人民。"这是我们构建当代礼仪文化的指南。我们应遵循"取其精华，去其糟粕"的原则，将传统礼仪文化的精髓融入现代文化的体系，以社会主义核心价值观的构建为契机，促使礼仪意识变为礼仪行为。

二、礼仪的内涵与特征

礼仪无处不在，渗透于工作、生活的方方面面，不仅有时代的烙印，而且还会呈现出一些行业的特点与要求，但其基本的内涵始终是较稳定的。

（一）礼仪的内涵

在古代，礼仪指的是为敬神而举行的各种仪式。如《诗经·小雅·楚茨》中"献醻交错，礼仪卒度"，讲的是古代在酒宴中主宾敬酒交互错杂，礼仪合乎法度。《周礼·春官·肆师》中"凡国之大事，治其礼仪，以佐宗伯"，意思是凡是涉及国家的事务，都应讲究合乎礼仪，用礼仪来辅助宗伯。这时对礼仪的基本定义是"致福曰礼，成义曰仪"，由此可知，当时的礼仪是为维护封建统治阶级而制定的基本制度和行为规范。

在现代，通常所说的礼仪是一种待人接物的行为规范，是一种交往的艺术表现。它是人们受历史传统、风俗习惯、宗教信仰、时代潮流等因素影响而在长期社会交往中形成的。礼仪既为人们所认同，又为人们所共同遵守，是在建立和谐关系的基础上各种符合客观要求的行为准则和规范的总和。但无论是古代还是现代，礼仪的内涵都具体表现在礼貌、礼节、仪表、仪式等方面。

礼貌，是指人们在彼此交往过程中表示尊敬、重视和友好的言谈举止。比如，我们经常会用"这个孩子真有礼貌"来表扬一个孩子主动与客人打招呼的举动。礼貌是以尊重他人、不侵害他人利益为前提的，是表达人与人之间和谐相处的意念和行为，如尊老爱幼、尊师重教、乐于助人、热情好客等。

礼节，是指人们在日常交际活动中，相互表示尊重、祝愿、问候、致意、慰问等待人接物方面的形式，如拜会、握手、馈赠、吊唁等。

仪表，是指人的外表、穿着，它主要指美的外在形象，引申为人的精神状态，如容貌、服饰、表情、姿态、风度等。

仪式，是指在一定场合举行的具有专门程序和形式的社会活动，如升旗仪式、奠基仪式、开学典礼、毕业典礼、剪彩仪式等。

所以，现代礼仪是人们在社会交往活动中，为了相互尊重，在仪容、仪表、仪态、仪式、言谈举止等方面约定俗成、共同认可的行为规范。"礼"是内在的，是人们对自己、对他人表示尊重和敬意的态度；而"仪"是外在的，是人们通过一定的动作、形式等表现出来的"礼"。"礼"是一种观念、一种意识、一种态度，而"仪"是外在的表现形式。"礼"字解决了，"仪"字迎刃而解；"礼"字不解决，即使懂得一些形式上的东西，也难以将其落实在行动上而形成习惯。"态度决定一切""心有敬而形于外"就是这个道理。

(二) 礼仪的特征

同一历史时期，不同国家、民族、地域会有不同的礼仪规范，所谓"百里不同风，千里不同俗"。不同的历史时期，礼仪更会打下那个时代的烙印。礼仪的内容虽然存在差异，但其基本特征是一致的，主要表现为以下四个方面：

1. 继承性

礼仪，是一种文化修养，是人类在长期的共同生活和交往中，为维持正常生活秩序而逐渐演变或约定俗成的。在这个过程中，传统礼仪中那些烦琐、保守、与社会发展不适应的内容被不断摒弃，只有那些体现了人类精神文明和社会进步的精髓才得以世代传承。比如生活中我们常说"礼尚往来""来而不往非礼也"，说话要谦恭、和气、文雅，仪态要大方、恭敬、从容，仪表要端庄、得体、简洁，对待他人要知晓爱亲、敬长、尊师、亲友之道，等等。古往今来，这些优良传统在古代适用，在当今社会也同样适用，并已成为人们生活中的一种习惯和规范。所以，无论世事如何变迁，一些好的思想观念、礼仪传统总会代代相传，被延续继承。

2. 差异性

礼仪，作为一种共同遵守的行为规范，在实际应用中还会受到时间、地域、环境及各种因素的制约，具有很大的灵活性。任何国家、民族、地区都有其礼仪的特色，这是按照地域和群体来划分的，也是礼仪的一个十分重要的特点。一方面它表现在某个地域中或某类群体中具有共同的礼仪习俗；另一方面又说明地域与地域之间、群体与群体之间的礼仪习俗有不同的地方。各自不同的文化背景和历史原因等多方面因素造成了这种不同，也由此产生了多姿多彩的礼仪文化。比如，西方人在见面礼仪中讲究拥抱，提倡"女士优先"；但东方人大多将握手作为见面的礼节。有的地方把抚摸小孩的头当作亲切的表示，而有的地方却认为这是极无礼的行为。在庆典活动中，有的民族喜欢跳舞，有的民族喜欢唱歌，有的民族喜欢泼水。所以，每到一个新的地方，最好先了解一下当地的礼仪习俗，以便入乡随俗，这样更能体现对交往对象的尊重。

同一种礼仪，对不同年龄、不同性别、不同职业的人也会有不同的呈现方式。例如，同样是打招呼，男性之间与女性之间的问候方式会不同，老朋友之间与新朋友之间的问候方式也不同。再如，同样的话语，站在不同角度表述也会不同，对年轻人来说可能没有什么，可是对中老年人来说就可能会伤害他；对同性来说很正常，对异性来说可能就失礼了。正因为礼仪存在如此大的差异性，所以要求我们在不同的时间、场合都运用相应的礼仪来展现自己的风采，而不是生搬硬套、千篇一律，把礼仪变成一种死板的教条，那样反而会失礼了。

3. 针对性

人际交往讲究公平公正、一视同仁，但更讲究对等原则，即"投之以桃，报之以李""礼尚往来"，所以礼仪礼节具有很强的针对性。如公务接待时，应当派出与对方身份、职位基本相同的人员进行接待，迎送人员数量要适宜，不可过多或过少，基本上与对方对口、对等。一个单位的处长出访另一个单位时，被访单位也应由处长出面接待，至少要安排会见。

4. 规范性

礼仪是人们在交际场合待人接物时所必须遵守的行为规范。"必须遵守"，就是不能依据个人的意愿随意改变。它已经成为人们彼此交往的"通用语言"，成为衡量他人和判断自己是否自律敬人的标尺。如果人们能自觉地遵照并维护这一准则，那么便是符合礼仪要求。如果总是自作主张、一意孤行，或者一味按照自己的喜恶行事，那么就会给他人造成许多困扰。例如，别人握手时伸出右手，而你偏伸出左手；在宴席上，别人都在小口品酒，而你却大口干杯；开会时别人都把手机调至静音或震动模式，你的手机铃声却不时响起……这种偏离常规的做法，轻则造成沟通的障碍，使别人不清楚你要表达的意思；重则令人觉得你对他人失敬。所以礼仪一旦约定后必须俗成，具有强制性和规范性。

三、礼仪的原则与功能

礼仪是约定俗成的行为规范。既然是规范，当然有一定标准和尺度来衡量其是否规范。礼仪的规范很多，可以说是包罗万象，因为它涉及生活和工作的方方面面。但只要掌握了一些基本原则，复杂的问题也就简单化了。

（一）礼仪的原则

讲礼仪，应遵循以下四条原则：

1. 尊重原则

礼仪的核心是尊重，诚如孟子所言："尊敬之心，礼也。"所以，礼仪的实质只有一个字——"敬"。"敬"字包含两层含义：一是"尊敬"，即尊敬长辈、尊敬师长、尊敬交往对象、尊敬所有人，尊敬他人就是尊敬自己；二是"敬畏"，即敬畏制度、敬畏法律、敬畏生命。敬畏制度，你上班就不会迟到，因为你知道，这是最基本的劳动纪律；敬畏法律，你就不会做违法乱纪的事情，绝不触碰法律底线；敬畏生命，你就不会"酒驾"，就不会做危及他人生命的事情。一个人如果有了"尊敬"之心、"敬畏"之意，就一定会是一个有道德有修养、懂得爱己爱人的人。

尊重原则要求人们在人际交往中与交往对象相互尊敬、相互谦让、和睦相处。"尊重"二字，在实际生活中体现为：尊重上级，是一个人的天职；尊重下属，是一个人的美德；尊重客户，是一个人的风度；尊重所有的人，是一个人的教养。人际交往中，不管年龄大小、职务高低，都应当受到尊重。对待他人要有敬重的态度，不可失敬于人，不可伤害他人的尊严，更不可侮辱他人的人格。特别是对待自己的下属和晚辈，有时他们做错了事，虽然可以严厉批评，但切不可表现出任何的不屑和鄙视，否则你也不可能得到他们的尊重。如果遇到对方有意伤害自己尊严，要坚决维护。所以，人与人之间相互尊重，是人际关系中讲究礼仪的基本出发点。尊重原则也就成了礼仪的核心原则。

2. 遵守原则

礼仪是社会生活的行为准则，它反映了人们的共同意识。世界上各民族、各阶层、各党派、各国家，都应当自觉维护、共同遵守礼仪。尤其在公共场所，更要遵守礼仪规范，否则将受到公众的批评和指责。例如，在马路上，要遵守行人走人行道，骑自行车走右侧自行车道，遇红灯要止步、见绿灯才通行等规则。在日常交往中，尤其是拜访他人或求人办事之时，要遵时守约、诚恳待人。

3. 适度原则

俗话说"礼多人不怪"，但在实际生活中，礼多了人也怪。热情过度、礼节繁多，会显得太过迂腐，反而让人反感、厌恶。例如，招待宾客时，周到地为客人端茶添水，请人就座，这都在情理之中；但如果宾客第一次来访，用餐之后起身告辞，主人却硬要留人夜宿，反而会显得太过热情，让人为难，甚至会引起对方的反感。因此，人际交往中言行举止既要合乎规范，又要得体适度。俄国短篇小说家契诃夫《小公务员之死》中的主人公"小公务员"，就是礼仪不适度的典型案例。

4. 自律原则

个人是礼仪行为的实施者，应当首先"从自我做起"，要人前人后一个样，要一视同仁，才能创造出自然和谐的相处氛围。礼仪规范不是用来约束别人的，而是用来修正自己的言行，不断完善自我的行为准则。如果一味地苛求别人而放纵自己，只会变成"孤家寡人"。因此，在学习、应用礼仪过程中，最重要的是要自我要求、自我约束、自我检视、从我做起。要加强自身修养，完善个人人格。古人常将"慎独"二字写成书法作品挂在书房作为一种修身养性的方法，就是时时提醒自己独处时也要"谨小慎微"。其实，不断地自律就逐渐形成了习惯，所谓"习惯成自然"就是这个道理。养成良好的习惯，既可消除自我约束的感觉，也可使自律成为自觉。

（二）礼仪的功能

礼仪是人类精神和物质文明成果的精髓，内容丰富，应用广泛，无论是对社会的和谐进步，还是对经济的发展，都有极大的促进作用，具体体现在以下几个方面。

1. 教育作用

礼仪以一种道德习俗的方式对社会中的每一个成员发挥维护社会正常秩序的教育作用。人们通过礼仪的学习和应用，建立新型的人际关系，从而在交往中严于律己、宽以待人，互尊互敬、互谦互让，讲文明、懂礼貌，和睦相处，形成良好的社会风尚。陶行知校长用四块糖果教育学生要守时，要勇于承认自己的错误，要懂得尊重他人的故事就是在用礼仪教育人、塑造人。

2. 美化作用

礼仪之美在于它帮助人们美化自身、美化生活，从而美化整个社会。个人形象，包括仪容、仪表、仪态、谈吐、教养等，在礼仪方面都有各自详尽的规范，因此学习和运用礼仪，有益于人们更好地、更规范地设计和维护自身形象，充分展示个人的良好教养与优雅风度。如面带微笑、有礼貌地跟人打招呼，不小心碰撞他人时说声"对不起"，大庭广众之下轻声细语，这些都能展现自己美的形象。作为社会成员的每个人变美了，整个社会也就变美了。

3. 协调作用

礼仪作为人们在社会生活中逐渐形成的行为规范和准则，它约束着人们的态度和动机，规范着人们的行为方式，维护着社会的正常秩序，协调着人与人之间的关系，在社会交往中发挥着巨大的作用。比如，上班前向父母打个招呼，见到同事热情问好，这些看似细小的礼节礼貌，会像一条美丽的纽带，把自己同对方紧密地联系起来，协调与他们之间的关系，从而获得周围人的认可与赞美，营造良好的人际交往氛围，让生活环境更加舒心、更加和睦。

4. 沟通作用

自觉遵循礼仪规范，能使交往双方的感情得到良好的沟通，在向对方表示尊重、敬意的过程中，获得对方的理解和尊重。例如，在社交场合司空见惯的握手礼，是古时人们为了表示友好，扔掉手上的工具，摊开手掌，双方击掌，示意手中没有任何武器，不会攻击对方。后来逐渐演变成双方握住右手，相互寒暄致意的见面礼节。这样的无声语言，起到了互致友好、沟通情感的作用。

习近平总书记在党的十九大报告中指出："社会主义核心价值观是当代中国精神的集中体现，凝结着全体人民共同的价值追求。要以培养担当民族复兴大任的时代新人为着眼点，强化教育引导、实践养成、制度保障，发挥社会主义核心价值观对国民教育、精神文明创建、精神文化产品创作生产传播的引领作用，把社会主义核心价值观融入社会发展各方面，转化为人们的情感认同和行为习惯。坚持全民行动、干部带头，从家庭做起，从娃娃抓起。深入挖掘中华优秀传统文化蕴含的思想观念、人文精神、道德规范，结合时代要求继承创新，让中华文化展现出永久魅力和时代风采。"文明礼貌、助人为乐、爱护公物、保护环境、遵纪守法是中华优秀传统文化蕴含的思想观念、人文精神、道德规范。礼仪修养既属于道德规范体系中的社会公德，是社会主义精神文明的内容；也符合千百年来优良传统的习惯，是适应最大多数人需要的道德伦理规范。因此，礼仪是和谐社会的基本要求，是人们希望有安定和平生活环境、有正常社会秩序的共同要求，更是和谐社会中全体公民为维系社会的正常生活而共同遵循的最基本的公共生活准则，是不可或缺的行为规范。

第二节　礼仪与涉外礼仪

案例导入

西方谚语"when in Rome, do as the Romans do"的来源

孔子有"不学礼，无以立"之说。意思是一个人不知道礼仪，便无法在社会上立足。更有"过境问俗"之说，即到另外的国家去（陌生地方），必须了解当地的民俗，用"温良恭俭让"的方式与人相处。其实，在西方世界也有着不谋而合的说法：when in Rome, do as the Romans do，即在罗马就应该按照罗马人的做法去做事。这个故事来源于中世纪，相传一个叫 St. Augustine 的罗马人来到米兰，发现米兰的教会并不像罗马一样在星期六的时候斋戒，于是他向米兰的教皇提问："为什么我在米兰的时候星期六不用斋戒，而在罗马的时候要斋戒？"并向教皇建议米兰的教会也应该在星期六的时候进行斋戒。教皇回答他："你在罗马的时候应该斋戒，在米兰的时候就不用斋戒，不同的地方有不同的习俗。"后来这个教皇的话就演变成了"when in Rome, do as the Romans do"，即入乡随俗。历史发展到今天，无论是

西方世界，还是东方世界，过境问俗、入乡随俗都是我们必须遵循的涉外礼仪规范。

著名的传播学大师麦克卢汉将当今我们生活的世界比喻成"地球村"，这道出了全球化、国际化的世界潮流。随着全球化的不断加深，不同国家、不同民族、不同肤色的人之间的交流日益密切，涉外礼仪也成为现代人的"必修课"。习近平总书记提到，没有高度的文化自信，没有文化的繁荣兴盛，就没有中华民族伟大复兴。中国自古是礼仪之邦，在涉外交际中以礼相待是每一个中华儿女的文化自信，从现在做起，从每一个中国人做起，在国际舞台上彰显我泱泱礼仪大国的气魄。

一、西方礼仪的起源与发展

纵观西方文明史，同样在一定意义上表现着人类对礼仪的追求，俗话说"知己知彼才能百战百胜"，学习涉外礼仪首先要对西方礼仪的起源与发展进行了解。在西方，礼仪一词最早见于法语的 etiquette，原意为"法庭上的通行证"。但它被英语语言吸收之后，便演化成了"人际交往的通行证"的意思。

约公元前 800 年，古希腊成为西方古典文明的发源地，西方古代礼仪也起源于此。在古希腊、古罗马的文献典籍中，如毕达哥拉斯、苏格拉底、柏拉图、亚里士多德等先哲的诗歌、著述中，有很多关于礼仪的论述。例如，毕达哥拉斯率先提出了"美德即是一种和谐与秩序"的观点。苏格拉底认为："哲学的任务不在于谈天说地，而在于认识人的内心世界，培植人的道德观念。"他不仅教导人们要以礼待人，而且在生活中身体力行，为人师表。柏拉图强调教育的重要性，指出理想的四大道德目标，即智慧、勇敢、节制、公正。亚里士多德指出，德行就是公正。他说："人类由于志趣善良而有所成就，成为最优良的动物，如果不讲礼法、违背正义，他就堕落为最恶劣的动物。"

公元 476—1640 年，欧洲处于中世纪时期。中世纪是欧洲封建社会的鼎盛时期，也是西方礼仪发展的鼎盛时代。此时的西方社会以土地关系为纽带，将封建主与农民联系在一起，形成了森严的封建等级制度，一系列严格而烦琐的贵族礼仪、宫廷礼仪、等级礼仪也由此产生。

14—17世纪，欧洲进入文艺复兴时期，欧美的礼仪文化有了新的发展，从上层社会对遵循礼节的烦琐要求到对优美举止的赞赏，一直到适应社会平等关系的比较简单的礼仪规则。

17，18世纪是欧洲资产阶级革命浪潮兴起的时代，随着资本主义制度在欧洲的确立和发展，资本主义社会的礼仪逐渐取代封建社会的礼仪。资本主义社会奉行"一切人生而自由、平等"的原则，但由于社会各阶层在经济、政治、法律上不平等，因此并不能做到真正的自由、平等。

历史发展到今天，不论是东方还是西方，不同国家、不同时期的文明习俗，都是人类文化传统的宝贵财富。国家有国家的礼制，民族有民族独特的礼仪习俗，国际上也有各国共同遵守的礼仪惯例等。总而言之，礼仪不仅是社会交往的产物，也是国际文化交流的产物。

二、涉外礼仪的内涵与特征

纵观人类历史，随着国家的出现，相应的礼仪规范就出现了；又随着国家与国家之间交往的日益频繁，适用于国际交往的行为规范和行为方式逐渐形成，这便是涉外礼仪。

（一）涉外礼仪的内涵

随着全球化的发展，涉外礼仪已经成为现代礼仪必不可少的一个分支。它指在长期的国际交往中逐步形成的外事礼仪规范制度，是在涉外交际中维护国家形象、自我形象，同时对外国友人表示尊重和友好的一系列惯例和形式，是人们参与国际交往所要遵守的并被世界人民共同认可的行为规范。

涉外礼仪在一定程度上反映着一个国家的文明、文化和社会风尚，代表着国家和民族的尊严。所以究其根本，涉外礼仪的出发点和背景是国家，每一名涉外人员的行为都必须以国家利益为前提，所有的涉外活动都必须建立在不损害国家利益的基础上。本书所撰写的涉外礼仪，是指中国人在涉外交际中，用以维护自身形象、对交往对象表示尊敬与友好的约定俗成的做法。

（二）涉外礼仪的特征

涉外礼仪是礼仪的重要分支，所以它必须首先满足礼仪的特征。

1. 继承性

涉外礼仪是人们在长期的涉外生活和交往中逐渐演变或约定俗成的行为规范。它跟随国际关系史的变迁而不断进步。从国家诞生之日起，便开始有了涉外礼仪。一些好的思想观念、礼仪传统，总是会代代相传，被延续继承，所以，继承性是涉外礼仪的第一大特征。另外，涉外礼仪也是不同礼仪文化交织、碰撞而产生的。在涉外交际中，国家、个人对各自礼仪文化的继承是涉外礼仪继承性的另一层概念。

2. 差异性

在涉外礼仪实际应用中，由于不同国家、民族和地区都有各自的礼仪文化和礼仪特色，还会受到各种因素的制约，因此，差异性是涉外礼仪的第二大特征。比如，中国人结婚可以赠送百合花，意味着"百年好合"，但是在英国百合花却象征着死亡；中日韩等东方国家在节庆时会送"红包"，但是在俄罗斯，直接送钱表示看不起别人；西方人在见面礼仪中讲究拥抱，但东方人大多将握手作为见面的礼节；等等。只有充分了解涉外礼仪的差异性，在不同时间、场合运用相应的礼仪来展示自己的风采，才不会失礼。

3. 针对性

涉外礼仪具有很强的针对性，这是因为不同国家、不同民族的礼仪存在差异性。与不同国家、不同民族的人交往，要选择针对性的礼仪来相处。就拿最普通的见面问候礼来说，在日本、韩国见面时要行鞠躬礼和握手礼，在泰国要行合十礼，在法国要行亲吻礼等。所以人们在涉外交际中要了解不同国家的礼仪风俗，有针对性地以礼相待。

4. 规范性

涉外礼仪，是人们在涉外交际场合待人接物所必须遵守的行为规范。"必须遵守"，就是指不能依据个人的意愿随意改变。它已经成为国家、人们彼此交往的"通用语言"，成为衡量他人和判断自己是否自律敬人的标尺。以"国家平等原则"为例，在国际场合，所有国家一律平等，礼宾次序通常由字母顺序或抽签来决定，以展示平等原则；在这种时候，如果不遵守这一规范性制度，将会产生非常不好的影响。

除了以上提到的四个所有礼仪都适用的共性特征之外，涉外礼仪还应当具备包容性、沟通性和技巧性等特征。涉外礼仪包罗不同国家、民族的礼仪风俗，具有很强的包容性；同时，涉外礼仪能促进国家、人民之间更好地交流沟通，增进相互了解，从而促进彼此的发展和进步，故涉外礼仪具有一定的沟通性；最后，在外事活动中，应当讲究交际技巧，尊重涉外礼仪的技巧性。

三、涉外礼仪的原则与功能

虽然不同的国家、民族有各自不同的文化和生活习惯，但互相交往时还是有很多需要共同遵循的礼仪原则，因为人类具有很多的共性。

（一）涉外礼仪的原则

1. 维护国家利益原则

这是对外交往最重要的原则。每一名涉外工作人员最基本的工作原则就是对国家忠诚，有一颗爱国的热心，祖国的利益高于一切，坚决维护国家的主权和民族的尊严。应时刻意识到，在外宾眼里，自己是国家、民族、单位组织的代表；自己的一言一行，有可能给国家带来荣誉，也可能带来耻辱。在原则问题上，绝不让步，绝不做有损国格和人格的事情。

2. 入乡随俗原则

不同的国家、地区或民族在历史发展的进程中，会形成各自的宗教、文化、语言、风俗和习惯。了解这些习惯和文化差异，允许彼此文化背景差异的存在，是对交往对象友好和尊敬的表现。为此，要做到以下两点。

第一，要充分了解与交往对象相关的习俗，做到"入境即问禁，入国即问俗，入门即问讳"，做到心中有数。

第二，要无条件尊重交往对象所特有的习俗，而且不可以评头论足，当然，也不必刻意模仿。对于自己的传统习俗，要继续传播发扬。

3. 不卑不亢原则

涉外活动中，要充分了解外宾所在国家的特有讲究与禁忌，充分尊重外宾习俗，但也不可妄自菲薄，低声下气，曲意逢迎。应充满自信，大方从容，充分展现自己团队的凝聚力。当然，也不能自大狂妄，我行我素，目中无人。谦虚谨慎，戒骄戒躁，不亢不卑才是应持的态度。

4. 遵时守信原则

信守承诺、取信于人是建立良好人际关系的前提，也是做人的基本品德。在涉外交往中，说话务必算数，许诺一定兑现，所以，要三思而后言、三思而后行，说到做到。时间上的约定要牢记于心，没有理由可以作为迟到缺席的托词，一个连时间观念都没有的人何谈诚信？

5. 尊重他人隐私原则

国际礼仪强调以人为本，要求尊重个人隐私，维护人格尊严，这也是尊重和体谅交往对象的基础和最起码的礼貌。每个人都会因为个人尊严或其他原因，不愿外界了解自己的个人秘密或私人事情，所以，涉外活动中，凡涉及交往对象年龄、收入、婚恋、经历、政治见解、宗教信仰等话题均属个人隐私，不宜询问。

6. 女士优先原则

女士优先，是国际公认的礼仪原则，广泛适用于社交活动中。在一切社交场合中，男性有义务主动为女士提供方便，尊重妇女，照顾妇女，体谅妇女，保护妇女。不仅对待熟悉的女性要如此，对待陌生的女性也应如此，要一视同仁，无关乎相貌、年龄，无关乎地位、金钱，也无关乎民族、信仰。保护女性，并不是将女性视为弱者去同情、怜悯，而是将她们视为母亲、姐妹，是对女性表达感恩之情。懂得尊重女士的男性，会被公众视为有绅士风度。

7. 以右为尊原则

依照国际惯例，多人排序时遵循"以右为尊"的原则。大到政治会晤、文化交流、商务谈判，小到社交应酬、私人交往，但凡需要排序时，都应以右为上、以左为下，以右为尊、以左为卑。这与中国政界排序正好相反，中国政界历来崇尚"以左为尊"。

（二）涉外礼仪的功能

涉外礼仪的功能主要体现在对内提高国民素质、对外塑造良好的国家形象和促进世界各国间的交流与合作三个方面。

1. 提高国民素质

礼仪是现代人的文明体现和素质体现。自改革开放以来，中国开始走向世界大舞台，每一个中国人都有机会参与涉外活动，涉外礼仪的学习有助于提高涉外交往人士的礼仪素养，从而提高国民素质。

2. 塑造国家形象

涉外礼仪的掌握和运用能够使每一个涉外交往人士在国际舞台上展现良好的个人形象，而个人形象是民族、国家形象的象征，所以，涉外礼仪在一定程度上可以塑造良好的民族、国家形象的塑造。

3. 促进世界各国间的交流与合作

涉外礼仪的适用范围是涉外活动，涉外礼仪的使用可以使活动双方感到被尊重、被重视，增强相互之间的理解，促进彼此的交流与合作。

📺 视频链接

（1）中国大学精品视频公开课《现代礼仪》第一讲：http://www. icourses. cn/web/sword/portal/videoDetail？courseId = c90fe3c3 – 1332 – 1000 – 9af0 – 4876d02411f6。

（2）国家精品在线开放课程（慕课）《现代礼仪》第一章：http://www. icourse163. org/course/HNU – 20005。

（3）国家精品在线开放课程（慕课）《现代礼仪》第八章：http://www. icourse163. org/course/HNU – 20005。

（4）中央电视台 10 频道《百家讲坛》特别访谈节目《解读于丹》：https://v. qq. com/x/page/m0168frlwzt. html。

（5）中央电视台 10 频道《百家讲坛》之《金正昆谈礼仪：涉外礼仪》：http://tv. cntv. cn/video/VSET100139769560/9a26c51c43b04622bc97ef7a4624d3d3。

第 一 章

涉外个人形象礼仪

　　"形象是金，形象至上。"随着社会的发展，形象的包装已不再是明星的"专利"，普通人也应该对自己的形象加以重视。在国际场合，良好的形象不仅可以增加一个人的自信，影响别人对其的第一印象，更代表了民族和国家的形象。个人形象礼仪在涉外礼仪中尤为重要，学习涉外礼仪应当首先学习涉外个人形象礼仪。本章将从仪容礼仪、仪表礼仪和仪态礼仪三个方面来介绍涉外个人形象礼仪。

　　当然，"腹有诗书气自华"，"心有敬而形于外"，好的个人形象应当由外在形象和内在素养共同构成。提高个人学识和道德修养、树立正确的世界观、人生观和价值观是塑造个人形象的第一步，也是追求良好的外在个人形象的基础。

第一节　仪容礼仪

💬 案例导入

"作为女人，你必须精致"

1995 年的冬天，如果我再找不到工作，灰溜溜地回国几乎是唯一的选择。

可我再一次被拒绝了。想起那个面试官的表情，我非常抓狂。她竟然说我的形象和我的简历不相符而拒绝继续向我提问。我低头看自己的打扮，很明显，因为穿着问题，我被她鄙视了。我发誓我可以用自己的能力让她收回对我的鄙视，但我没有得到表现自己能力的机会。

我的房东莎琳娜太太是一个很苛刻的中年女人。她规定我必须在晚上 12 点之前熄灯睡觉，规定我必须在 10 分钟之内从浴室出来，规定我如果不穿戴整齐就不准进入她的客厅，不准我用她的漂亮厨房做中餐，甚至规定我在她有客人来访的时候必须涂口红！我非常讨厌莎琳娜这种所谓的英伦女人的尊严。但所有人都说，莎琳娜是最好的寄宿房东。我看不出她好在什么地方。比如，当我很多次面试失败回来后，厨房里一点吃的都不会有；并且如果我上楼发出声音，她就会站在卧室门口很大声地指责我。

我刚刚洗完头发，坐在床上一边翻看报纸的招聘信息，一边吃面包卷。这违反了莎琳娜的原则。她冲上前来，一把夺过我的面包和报纸，用英文大吼："你这个毫无素质的中国女孩！你滚出我的家！"

我于是披散着头发，在睡衣外裹上大衣冲出了门。25 年来，我以非常漂亮的成绩和能力一路所向披靡，从来没有人说我没有素质。

我家并不贫穷，25 年来妈妈一直告诉我，能力才是最重要的。我不能明白以貌取人在这里居然成为一个正义的词语。这简直是对我 25 年的人生观的侮辱！

我愤怒地冲进一家咖啡馆。天气实在太冷，我也很饿，咖啡馆里的人居然很多，侍者以一种奇怪的眼神把我引到一个空座位边。那是咖啡馆里唯一的空位。我的对面是一个英国老太太。她看起来比莎琳娜更加讲究，就像伊丽莎白女王一样尊贵与精致。我不由下意识地收起自己宽松睡裤下的运动鞋。然后我看到她裙子下的丝袜和漂亮的高跟鞋，以她这样的年纪，竟仍然把这样的鞋子穿得非常迷人。

在欧洲的很多高级餐厅，衣衫不整是被拒绝进入的。我想我能进来的原因大概是穿了价值不菲的大衣。我不由得暂时收起自己的愤怒，说："给我一杯热咖啡，谢谢。"

侍者走开后，对面的老太太并不看我，而是从旁边拿了一张便笺写了一行字递给我，是非常漂亮的手写英文："洗手间在你的左后方拐弯。"我抬头看她，她正以非常优雅的姿势喝咖啡，没有看我半眼。我的尴尬难以言明。第一次觉得不被尊重是应该的。

我的头发被风吹得非常凌乱，我的鼻子旁边甚至还沾了一点面包屑！虽然我的大衣质地非常好，但我的睡裤却被它衬得很老旧。我第一次有点看不起自己。这样的打扮，我是多不尊重自己，以致别人觉得我也不尊重她们。我想起下午去面试时自己的日常装束，那应该也是对一个高级经理职位的不尊重吧？

当我再回到座位的时候，那个老太太已经离开了。那张留在铺了细柔格子布的餐桌上的便笺多了另一句漂亮的手写英文："作为女人，你必须精致，这是女人的尊严。"我逃也似地离开了那家咖啡厅。莎琳娜竟然坐在客厅里等我，一见我就说我超过了 10 分钟才回来，所以明天必须帮她清洗草坪。我答应了她，并向她道了歉。

我发现莎琳娜教给我许多有用的东西：晚上 12 点之前睡觉能让我第二天精神充足，穿戴整洁美观能让别人首先尊重我，穿高跟鞋和使用口红使我得到了更多绅士的帮助……我开始感觉自己的自信非常充足，我不再希望别人只通过看我的简历来判断我是不是有能力。

我最后一次面试的职位，是一家大化妆品公司的市场推广。我得体的着装打扮为我的表现加了分。那个精致干练的女上司对我说："你非常优秀，欢迎你的加入。"

我没有想到，我的上司居然就是我在咖啡馆里遇到的那个英国老太太。她非常有名，是这个化妆品牌的销售女皇！

我对她说："非常感谢你。"我是真地非常感谢她。非常感谢她那句"作为女人，你必须精致"，虽然她没有认出我。是的，没有人有义务必须透过连你自己都毫不在意的邋遢外表去发现你优秀的内在。你必须精致，这是女人的尊严。我一直都记得！

仪容，通常指人的外观、外貌，重点指人的容貌。它是由发型、面容以及人体未被服饰遮掩的肌肤（如手部、颈部）等构成的。俗话说，"三分人才，七分打扮。"无论是服装、首饰，还是发型、妆容，任何一方面的疏忽都有可能影响你的整体形象。

一、发型发式

俗话说"一头映半身"，而发型位于人体的"制高点"，对一个人的仪容有着重要的影响。由于人们习惯"从头打量"，所以发型更容易"先入为主"，抓人眼球。得体的发型发式能凸显个人的魅力和气质，让人感觉容光焕发，充满阳光和朝气，因此修饰头发是非常重要的。

首先要勤梳洗。保持头发的干净整洁，尤其要做到肩、背无落下的头皮屑；使头发散发自然光泽。究竟多久洗一次头发为宜呢？这既要结合个人的发质，也要结合季节考虑。如果头发经常出油，则最好每天洗头发，保持清爽。如果发质比较干燥，过于频繁地清洗头发反而会损伤发质，一般以2~3天清洗一次为宜。勤梳洗也要考虑天气和季节：如果是在炎热的夏季，建议每天清洗头发；如果是在寒冷的冬季，建议每周2~3次清洗头发。

洗发时水不要太热，以免烫伤毛囊，水温以40℃为宜。要根据需要选择适合自己发质的洗发剂。头发清洗过后，最好用吹风机略微吹一下，避免寒从头入，但是也不要吹得过干，以免损伤发质。

其次要常打理。如果是短发，要定期修剪，保持良好的发型。男士的发型要做到"前不覆额，侧不掩耳，后不及领"，即前面的头发不要遮盖住额头，侧面的头发不要掩盖住耳朵，后面的头发不要压住衣领。根据头发的生长规律，一个月修剪一次头发即可。

女性的短发式样较男性的短发式样更多样化，也不能忽略对头发的打理。女性应从颜色、造型、烫染等方面对头发进行精心护理。

女性如果选择留长发，在正式的场合一定要将长发扎起或盘起，不可披散着头发。

发型的选择首先要符合典雅、大方、简洁的原则，可以根据头发的发质、个体的脸型、体形、年纪、心情、服装和场合等因素选择不同的发型，这样才能找到自己最美、最得体的形象。

也许你有这样的感受，平常在电视上或者海报上看到某个明星的发型特别有气质，但自己剪出来却不一定能达到相同的效果。这说明发型同脸型是相辅相成的，恰当的发型发式，可让两者相得益彰。下面分析几种不同脸型适宜的发型发式，尤其适用于女性。

（一）圆形脸

圆形脸的特征是头额窄、下巴短、五官紧凑匀称。拥有这种脸型的女性可以考虑把刘海向上梳，做个小花样别在头顶，以达到拔高头额的效果；脸部两侧的头发可拉长或拉低一些，较长的发型会让脸部看起来比较修长，过多或太蓬松的头发会使脸部看起来更圆。

圆形脸

国字脸

（二）国字脸

国字脸的特征为方额头、方下巴、脸较宽。应当把这种脸型塑造成圆形来缓和方的特征，可采用将头顶部位的头发稍微提高、上额两侧与下额两侧较为拉低的发型。

（三）长形脸

长形脸的特征是面长、额宽、脸颌骨横直、颌线起棱角、颊线直、鼻子显长。这种脸形可塑造成头发蓬松的发式，采用头顶部位的头发不太蓬松、脸部两侧较蓬松的发型。拥有这种脸型的女性一定要挑选长度适中的发型，过短或过长都不是很合适。薄刘海会比一整片厚刘海更漂亮，两侧头发的层次与蓬松感会中和长形脸的线条，从而得到很好的修饰效果。

长形脸　　　　　　　　　　　三角形脸

（四）三角形脸

三角形脸的特征是额头窄小、两腮宽大，给人沉着大方和威严的感觉。这种脸型适合将额头的发型维持一定宽度，这样才不会凸显两颊的宽大线条。同时，可选择比较温柔的波浪卷发，长度以中长或及肩为佳，太短就起不到遮掩和修饰两颊的作用了。

（五）锥子脸

锥子脸的特征是额头宽大饱满、下颌消瘦。这种脸型适合脸部两侧较蓬松的发型。拥有这种脸型的女性最好选择短发，让下颌处看起来有加宽的效果。

男性的发型相对而言要简单很多，但也应与脸型相配。下巴较方的男性可以留适量的鬓发，长脸的男性不宜留太短的头发。

总之，发型发式的选择应当注意扬长避短，将最美的角度展现出来，才能反映出个人最佳的精神面貌，给人眼前一亮的感觉。

锥子脸

二、面部妆容

面部妆容主要包括面部护理与面部化妆两部分。仪容在很大程度上指的就是人的面部妆容（即面容），由此可见，面部妆容在仪容礼仪中有着举足轻重的作用。

（一）面部护理

1. 面部清洁

对面部肌肤的清洁要根据实际情况来进行。比如夏季皮肤油腻，可选用清洁力强的洗面产品；冬季皮肤干燥，可选用清洁力较温和的洗面产品。男士油脂分泌旺盛，一般应选用控油较强的洗面产品。

一天中清洁皮肤的次数以早晚各一次为宜。太多会伤害皮肤，造成水分流失；太少则清洁力度不够。早上，皮肤经过一夜的新陈代谢，产生油脂等分泌物，还有老化角质的脱落，这时如果不好好清洁面部，极有可能造成毛孔堵塞等现象。晚上清洁皮肤更是重中之重，因为经过一整天，皮肤已经积存了较多垃圾和油污，应当先用卸妆产品去除脸上的彩妆和防晒霜，再使用洗面乳，将皮肤表皮和毛孔内的化妆品清洗干净。

2. 眼部护理

眼睛是心灵的窗户，但是眼睛长期裸露在外界环境下，是很脆弱、很易老化的器官，因此，要注意用眼卫生，预防眼病，保持眼睛的健康。

现在，人们为了矫正视力、保护眼睛或者追求时尚，常常会选择戴眼镜。那么，在配戴眼镜的时候，首先要注意眼镜的质量和款式；其次，要保持眼镜的清洁，尤其是隐形眼镜，要经常清洗，注意不要被细菌感染，以免影响眼睛的健康。

眼部肌肤是全身最薄的，又很敏感，因此需要特别小心护理，不要拿面霜当眼霜涂，否则很可能会引起过敏。

涂眼霜的正确方法是，用无名指取绿豆粒大小的眼霜，然后顺内眼角、上眼皮、眼尾、下眼皮轻轻地做环形按摩，直到让肌肤完全吸收。

无名指的手法相对较轻，眼部肌肤娇嫩，经不起用力拉扯。

3. 唇部护理

在平日里，要多注意对嘴唇的保养和呵护，特别是在冬天或干燥的环境下，嘴唇很容易开裂、爆皮，要经常使用润唇膏，也可在晚上睡觉时使用唇膜，时刻保持双唇的舒适和滋润。

4. 鼻部护理

漂亮的鼻子，鼻梁高俏挺拔，长度一般占整个面部长度的三分之一。修饰鼻部关键在于保养，防止鼻部周围生疮、爆皮，甚至出现"黑头"，否则会特别影响美观。同时，要及时清理鼻垢，不能当别人的面打喷嚏、抠鼻孔，甚至弹鼻垢。而且要及时修剪鼻毛，防止鼻毛露出。

5. 脸部护理

脸部肌肤通常要经受风吹日晒，所以一定要每天擦保湿水、乳液和面霜。油性肌肤最好选用质地清爽的乳液和面霜，干性肌肤则适合质地滋润的乳液和面霜。夏季天气湿热，油脂分泌多，可选择质地清爽的乳液和面霜；冬季天气干燥，可选择质地滋润的乳液和面霜。涂抹额头的时候注意方向是由下向上，用中指和无名指指腹以按压的手法抹在皮肤上。全脸只有涂抹鼻子的时候，方向要由上向下。

精华液是一种浓度更高、滋养能力更强的护肤品，通常含有较多的活性分子，分子小，渗透力较强，有防衰老、抗皱、保湿、美白、去斑等功效。现在市面上的精华液可分为导入型精华液和功能型精华液，也可分为综合型精华液和单一功效型精华液，可根据自己的肤质进行购买。一般来说，导入型精华液用于清洁脸部后、涂抹保湿水之前，修复精华液和美白精华液一般在晚上使用。

6. 耳部及颈部护理

要及时清理耳垢，修剪耳毛，避免污垢感染外耳道。颈部容易成为人体显现年龄的部位，在进行眼睛、嘴唇、耳部修饰的同时，也要注重保持颈部的清洁。可以购买颈霜，加上对颈部的锻炼与按摩，不仅可以去除皱纹，延缓衰老的过程，还能使颈部皮肤光滑。

（二）面部化妆

爱美之心人皆有之，虽不可以貌取人，但是较好的面容总是让人赏心悦目，给人留下好印象。

化妆要根据时间、地点、性别而定。舞台装一般会很浓，日常妆容可以淡一点，要做到"淡妆浓抹总相宜"。男士可以不化妆，保持清爽整洁即可，但女性则应学会化妆。下面是化妆的一般程序。

1. 基础护肤

所谓基础护肤就是指化妆前先完成面部的清洁和简单护理。一般的护肤步骤为洁面—水前精华—护肤水—功能型精华—眼霜—乳液—面霜。

2. 涂抹防晒霜、隔离霜

在基础护肤之后，一定要涂抹防晒霜或者隔离霜，起到保护皮肤并隔离紫外线、辐射和彩妆的作用，隔离霜还有均匀肤色的作用。皮肤每天都会接受紫外线辐射，长期下来很容易长斑，所以涂抹防晒霜和隔离霜是非常必要的。现在市面上的隔离霜一般都含有防晒成分，冬天的时候可以只涂抹隔离霜，其他季节最好先涂防晒霜，再涂隔离霜。把涂防晒霜当作基础护肤进行是一个很好的习惯。

3. 彩妆打底

现在市面上的底妆分为气垫粉底液（气垫 BB 霜、气垫 CC 霜）、粉底液、粉饼等。气垫可用于日常妆，粉底液较为正式，粉饼其实是压缩的粉底液，通常用于补妆。底妆是化妆的第一步，最好挑选品质好的产品，色号要接近肤色，借助粉扑、海绵或其他美妆工具进行上妆，起到均匀提亮肤色、遮挡瑕疵的作用，为之后的彩妆打底。

4. 定妆

定妆是在上完底妆之后为防止妆面脱落、抑制脸部出油、持久保持妆容所用。现在市面上的定妆产品有散粉、蜜粉、湿粉或喷雾，可根据肤质来选择。干性皮肤一般用喷雾或者湿粉来定妆；油性皮肤一般选择散粉或者蜜粉来定妆，蜜粉是带有提亮分子的散粉。

5. 画眉毛

一个人眉毛的形状、颜色的浓淡对提升容貌有着十分重要的作用，合适的眉形与眼睛搭配，更显神采。画眉毛前一般要先修眉，刮除或拔除杂乱的眉毛。画眉毛时一定要画出形状，这需要结合个人不同的脸型及妆容而定。画眉时要注意两头淡、中间浓，上边浅、下边深，这样才能使眉毛显得有立体感。

精心细致修剪的眉毛能让整个脸部显得清晰、匀称，给脸部画龙点睛的点缀，但它往往是大家容易忽略的地方。眉毛的护理分为修型和补色两部分。修型的工具有镊子和刮眉刀：镊子负责拔掉眉中不均匀的部分，刮眉刀可以快速刮出美丽的眉型。眉毛颜色太淡可以用眉笔或眉粉来修饰。男生一般不需要修饰眉毛，但如果眉毛看上去有明显的瑕疵，例如过淡、过稀疏或者不够有型等，也可以通过一些方法略微修饰一下。

一般认为，女性的眉毛以纤细柳长为美，给人清秀柔和之感；男性之眉以浓紧为特征，象征刚强勇敢之气。现在越来越多的人去美容院文眉，美容师会根据脸型设计眉型，也不失为一种好的选择。

6. 画眼妆

画眼妆的顺序一般为眼影—眼线—睫毛膏。

眼影的主要作用是加强面部的立体感，使五官分明，并且着重用眼部吸引人的注意。一般情况下不适合用颜色过分鲜艳的眼影，除非是在较为盛大的晚宴中。在涂眼影时还要注意突出层次，这样能强化眼部轮廓，最忌讳均匀地抹成一片。

眼线的优势在于能从视觉上使眼睛"变大"，使眼睛更有神，富有光泽。画眼线时，要把它画得紧紧贴住眼睫毛根部。上眼线从内往外画，下眼线由外向内画，并且在距内眼角 1/3 处停笔。上下眼线不应在外眼角处交合，上眼线在外眼角处可适当稍稍上扬，而下眼线则不要紧紧贴着外眼角。

刷睫毛膏是画眼妆的最后一步。睫毛膏有加长和加密两种类型，现在市面上还分上睫毛膏和下睫毛膏，人们要根据自己的需要选择适合自己的。刷睫毛膏时，将睫毛分成前后两段，从眼尾开始刷，以达到卷翘的效果。刷眼头睫毛时，以 Z 字形来回涂刷，能让睫毛根根分明。

7. 修容

亚洲人脸部轮廓不是很立体，需要在化妆时进行修容。修容分为腮红、高光和阴影三个部分。

腮红即在笑肌上涂抹适量的胭脂，它可以使面颊红润，面部轮廓更加立体，显示出健康与活力。上腮红时，要微笑，这样便于找对位置，用腮红刷蘸取少量腮红，在笑肌周围，高不及眼睛、低不过嘴角、长不到眼睛的 1/2 处，由内往外晕染。

高光一般涂抹在 T 字区，颧骨上，用来在视觉上提高骨骼。

阴影一般涂抹在腮部、鼻梁两侧和发际线，用来修饰脸型。新手画阴影可借助化妆刷，取量要适度，避免涂抹之处显得很脏。

8. 涂口红

涂口红一方面可以改变不理想的唇形，另一方面可以使双唇亮丽迷人。口红的颜色一定要适合自己的肤色，亚洲人一般是暖黄色皮肤，可以优先选择偏橘色的口红。口红还应当根据不同的场合来定，也要搭配服饰和整体妆容。涂口红时要先用唇线笔描好唇线，确定好理想的唇形，唇线笔的颜色应略深于口红的颜色。涂口红时，应从两边往中间涂，注意涂抹均匀，不能超过用唇线笔画出的唇形，可借助唇刷来进行。涂完口红之后要检查牙齿上是否粘有口红的痕迹。

三、手部护理

手部，被喻为人的第二张脸。在待人接物时，手作为联系友谊的桥梁和纽带，是仪容仪表中重要的组成部分。手作为人类重要的组成器官和劳动器官，经常接触外界事物，暴露在服饰之外，容易受到细菌和污垢的污染，它也成为了许多传染性疾病的主要传播媒介，因此，要养成勤洗手的习惯。在人际交往中，有一双清洁、柔软、温暖的手，会为你带来更多好感。比如，我们通常以握手的礼节来表示对客人的欢迎，那么就应当保持一双清洁、暖和的手同人握手言谈，然后伸出双手递送名片等。客人会通过接触双手而形成第一印象，进而判断一个人的修养及卫生习惯。微小的细节往往能折射出一个人的生活态度。

手部的清洁，首先要勤于修剪指甲。从生活的角度看，留长指甲似乎可以满足某些需要，比如抠取电池，刮去物体上的污垢；从爱美的角度看，长指甲从视觉上给人手指纤细的感觉，尤其是女性，自古以"指如削葱根"为美。但不管怎么样，干净整洁是第一位的，

一定要注意保持平常的清洁。如果指甲内还残留黑色的污垢，就会折损个人的整体形象。

女性可以适当地在指甲上涂点指甲油，让指甲有光泽。通常使用与指甲相近的颜色或无色的指甲油；在出席演出或晚会等场合时，可以选择色泽亮丽的指甲油。男士则不要涂抹指甲油。

四、皮肤护理

很多人觉得爱美是女人的天性，皮肤护理这样的事情对于男性来说根本没用，其实这样的看法是片面的。男性受雄性激素的影响，皮脂腺较发达，皮肤纹理粗，角质层也较厚，大多数男性又是油性皮肤，因此，更需要清洁和调理。所以，女性和男性都要注意皮肤的日常护理。

皮肤包括表皮、真皮和皮下组织。健美的皮肤是有一定的标准的，例如皮肤是否湿润，一般皮肤水分的重量占总重量的 70%；皮肤是否有弹性，明显的标志是光滑、不皱缩、不粗糙；皮肤是否健康、有光泽等。

北方地区较南方地区气候干燥，风沙又大，皮肤的湿润度较低，所以北方人更要注意皮肤的日常护理与保养。

（一）保持乐观开朗的情绪

俗话说，"笑一笑，十年少"，笑是最好的"润肤剂"。人在笑的时候，面部肌肉在做运动，能保持皮肤健美的状态。

（二）养成良好的睡眠习惯

良好的睡眠习惯直接影响着人的皮肤是否健美。人一个晚上不睡觉，一百天都补不回来。经常晚睡或熬夜的人会有很多皮肤问题，例如黑眼圈加重，色斑增多，皮肤暗黄发黑、没有光泽等。所以，要养成晚上 11 点之前睡觉、中午小睡 30 分钟至 1 个小时的睡眠习惯，保证每天都有充足的睡眠，每天都有好的精神状态。

（三）养成多喝水的好习惯

人和其他动物一样，体内含有大量的水分，一个成年人体内的含水量约占人体体重的 65%。喝水不仅可以满足正常的生理需要，而且有助于排毒，促进皮肤新陈代谢。

（四）注意保持合理的饮食结构

合理摄取维生素，可以使皮肤获得自然健康的美。摄取维生素最适合的方法是食补，胡萝卜、番茄、柑橘、橙子及动物的肝脏都含有丰富的维生素 A，可润滑皮肤，防止皮肤粗糙干燥；牛奶、鸡蛋、瘦肉、豆类、谷物、菠菜、油菜及海产品中的贝类含有可以消除色素斑、展平皱纹、保持皮肤光滑的维生素 B；维生素 C 可以消除皮肤上的斑点，起到美白效果，柠檬、苹果、草莓及绿色蔬菜都富含维生素 C；维生素 D 可以增强皮肤的抵抗力，含维生素 D 较多的食品有鱼类、蛋黄、花生及鱼肝油等；黄豆、木耳、花生、蜂王浆、卷心菜、甲鱼及萝卜等含有可以促进人体激素分泌，增强肌肉的细胞活力，避免早衰、容颜憔悴的维生素 E。每个人可以根据自身的需要合理搭配饮食，既可以强身健体，又可以达到食物美容的效果。

（五）注意防范紫外线等的辐射

皮肤在强紫外线照射下，皮下的纤维组织会断裂，使得皮肤粗糙、变暗，所以要避免长时间在强光下暴晒。有人认为只有夏天才需要防晒，这是错误的认识。其实，只要有光，就会有紫外线，只是夏天太阳光最强，紫外线最厉害。所以，一年四季都应该防晒，最好在出门前半小时就涂好防晒霜，这样皮肤会有时间吸收，防晒效果更好。另外，现代人常常长时间面对电脑，如果不注意防辐射，用完电脑后不及时清洗皮肤，久而久之皮肤也会长斑变暗。

第二节 仪表礼仪

📑 案例导入

不同场合决定衣服穿着

这是一个出国留学生的自述经历：记得有一次在国外，朋友请我去看歌剧，我满心欢喜地穿了一套白色的礼服美美地准时赴约。因为有好几个人，我们约定先到他家会合后再一起出发。到了他家，我一看，不好，其他人都穿得很随便，我穿着礼服显得格格不入，甚至笨头笨脑。原来这天的歌剧在一个运动场演出。大家都要坐在草地上。可以说这是一次正规但轻松的演出，所以不用穿礼服。都怪自己没有问一问朋友，结果出了洋相。

回国以后，我发觉国内不少人好像采取了"洋为中用"的策略，西服还是照着自己的规矩穿。我家旁边工地上的工人基本上就都是穿着西服和泥的，我还经常看见一些人穿着睡衣在街上跑。最好玩儿的一次是在上海南京路上，一对夫妇穿着睡衣在逛街，头发梳得一丝不苟，带着太阳镜，脚上还穿着皮鞋！在国外睡衣是绝对不能在外人面前穿的。很多外国人觉得穿着睡衣跟没穿衣服没什么区别，宁愿你看到他穿着内衣，也不愿意让你看到他穿着睡衣。

现实生活中，每个人都希望自己仪表堂堂，令人赏心悦目，如沐春风。很多人认为，穿上名牌服饰，用奢侈品点缀，就能让自己仪表堂堂。其实不然，我们经常见到生活中有的人尽管穿金戴银，浑身珠光宝气，但却一点也不美，反而显得很俗气，因为他（她）的穿着打扮不合时宜，不得体，他（她）的表情缺乏自信，不从容，不大气。我们从来不能说哪件衣服漂不漂亮，我们只能说哪件衣服穿在谁的身上漂不漂亮。所以，尽管相貌不同，但是如果仪表修饰得体，我们会发现，美，原来是唾手可得的。

什么是仪表？从广义上来讲，仪表是指一个人外在的容貌、表情、举止、服饰等给人的总体印象。狭义的仪表则是指动态的面部表情和静态的衣着配饰。

一、面部表情

面部表情，顾名思义，是从面部的变化上表达出来的心理活动和思想感情，而所谓"面部表情的变化"指的是眼睛、眉毛、嘴巴、鼻子和面部肌肉的变化以及它们的综合变化。

美国加利福尼亚心理学荣誉教授认为，人们传达的信息都是由视觉信号、声音信号和文字信号组成的，而视觉信号基本上占55%，声音信号占38%，文字信号占7%。显然，面部表情属于视觉信号的范畴，由此我们可以看出面部表情在传达信息时的重要地位。面部表情较直观、形象，更易于被人们察觉和理解，并且真实可信地反映着人们的思想、情感和心理活动。

（一）表现面部表情时应遵循的原则

1. 表现真诚

人与人之间的交往，重要的原则是以诚相待。所谓相由心生，面部表情是可以反映出人的内心情感的。所以与人交往要真诚，给人表里如一、名副其实的感觉，在此基础上建立的信任才坚不可摧。

2. 表现友好

一个人对人友善与否，从面部表情甚至一个眼神就完全可以判定，有时甚至比言语传递的信息更真实。所以，人际交往中，一定要秉承与人为善、一视同仁的原则，才能真正传递出友好。

3. 表现谦恭

如果一个人很有才气，但表现得趾高气扬，不懂谦恭，往往还是会被人拒于千里之外。人际交往中，人们不仅欣赏你的才华，更看中你谦恭的态度，因此，在工作或生活中要使自己的表情神态于人恭敬、于己谦和。

4. 表现适度

面部表情视时间、地点、场合的不同应有不同的表现，所以要做到与现场氛围和实际需要相符合。例如，当你看望一个病人时，万万不能显得非常高兴，否则会被误认为幸灾乐祸，这样肯定不会受欢迎。

（二）面部表情的具体体现

1. 眼神

眼神，是对眼睛的总体活动的一种统称。常言道："眼睛是心灵的窗户。"内心情感的传达靠的主要就是眼神，我们可以从一个人的眼神中读懂他的喜怒哀乐。眼神能够最直接、最自然、最准确地显示出一个人的内心活动。同时，眼睛注视的时间、角度、部位、方式不同，表示的态度与意义也是不同的。

一般而言，在和对方相处的时间里，人们都会不时地注视对方。随着人们相互之间熟悉程度和感情亲密程度的变化，注视的时间长度也会发生变化。

若注视对方的时间占全部相处时间的 1/3 左右，表示友好；若占相处时间的 2/3 左右，表示重视；若注视对方的时间不到相处时间的 1/4，则表示轻视。

从注视的角度也能大致看出一个人对另一个人的看法。出于尊重或敬仰，人们会主动抬眼注视别人；平视（正视）说明双方关系平等；向下注视他人可能表示轻视，也可能是对小辈的宽容或怜爱；若面对面斜视对方，会让人产生被冒犯的感觉，所以应尽量避免。

在交际场合中，眼神注视的部位是有一定规范的，有些区域很安全，有些区域则不能触犯。一般不能注视他人的头顶、大腿、脚部与手部，尤其对于异性，通常不应注视其臀部以下（如裆部、腿部）。

注视方式不同，其含义也不同。直视表示认真、尊重；凝视，即全神贯注地注视，表示对交往对象的专注；目光游离、眼神飘忽不定的虚视，多表示胆怯、走神、疲乏、失意等；盯视表示好奇，但不可多用，尤其对异性禁用；环视适用于与多人打交道，可表示一视同仁；从眼角把目光投向别人的斜视，会传递漠然甚至轻蔑的心理。

2. 眉毛

双眉紧皱，表示可能正在为某件事而殚精竭虑；当眉毛快速地上下动着，神采飞扬，应该是有喜悦之事；眉峰上耸，表示可能处于恐惧或者惊喜之中；眉角下拉，表示比较气愤，所谓横眉冷对就是这个意思。

3. 嘴巴

嘴巴的形状可以表示不同的心情。张大嘴巴表示惊讶，抿着嘴可能暗示自己会坚持下去，有时候生气会噘起嘴巴，而对某人或某件事情感到鄙夷、轻视、不屑一顾时，人们可能会撇嘴。

4. 笑容

《辞海》中对"笑"的解释是"因喜悦而开颜"。笑其实是脸部肌肉和声音配合的结果，是内心情感的一种表达。它可以分为微笑、轻笑、浅笑、大笑、假笑、冷笑、嘲笑、窃笑和怪笑等多种。

微笑是人们精神状态的最佳写照，是全世界的通用语言。自信的微笑还可以让自己战胜内心的恐惧和失落。有人说："世界就像一面镜子，当你向它微笑时，它也会用笑容回报你。"

微笑应发自内心，不应故作笑颜，假意奉承；也不能随心所欲，想怎么笑就怎么笑，不加节制。笑得得体，笑得适度，才能充分表达友善、诚信、和蔼，所以我们应该学会微笑。

笑容

甜美的微笑是可以练习的，具体方法如下：

（1）对着镜子练习。使眉、眼、面部肌肉、口形在笑时保持和谐统一。

（2）诱导练习。调动感情，发挥想象力，或回忆甜蜜的过去，或展望美好的未来，使微笑源于内心，有感而发。

（3）在众人面前练习。按照要求，当众练习，使微笑规范、自然、大方，克服羞涩和胆怯心理。

（4）演讲一段话，脸上保持笑容，请听众评议，然后加以纠正。

二、着装礼仪

在西方，有人对人的形象设计进行过专项调查，发现76%的人根据外表判断人，60%的人认为外表和服装反映了一个人的社会地位。俗话说："三分人才，七分打扮。"莎士比亚也曾说："一个人的穿着打扮，就是他品位、地位、教养的最真实写照。"从某种层面上来说，以貌取人是很肤浅的做法，要了解一个人，最重要的是知晓他的人品和能力。但无论如何，一个人留给他人的第一印象大部分取决于其穿着打扮和礼仪修养，正如英国谚语说的"你没有第二次机会给人留下第一印象"。一个人的个性、职业、教养、品位和社会地位都能从着装上体现出来。

37

（一）着装原则

1. "TPO" 原则

"TPO" 原则是国际上公认的穿衣原则，它是 Time（时间）、Place（地点）、Object（目的）三个英文单词的缩写。

"Time" 指着装随时间的变化而变化。四季更迭，气候变化，服装的款式与质地也应发生变化。夏季应轻松凉爽，春秋应注意防风，冬季应保暖舒适，切不可只追求风度而忘记了温度，追求时尚要在保证身体健康的前提下。服装要适应时代的变化，紧跟时尚与潮流，太超前与太滞后都是不合适的。

"Place" 指着装随地点的变化而变化。在不同的国家、不同的宗教信仰区、不同的民族、不同的场合，着装的选择都应有所不同。

"Object" 指着装随目的的不同而不同。目的主要从两方面考虑：一是做事的目的，例如要去会谈，最好穿正装，显得成熟、干练，重视这份工作；要去健身，就要穿宽松的运动服。二是想要给别人留下什么印象，活泼开朗还是严肃稳重，抑或知性高雅，要根据目的来选择服饰。

2. 整洁原则

无论在什么场合，服装的整洁干净都是第一位的。穿的衣服再美丽，再彰显个性，如果有污渍，皱皱巴巴，不仅没有美感，还会给人留下邋遢、不修边幅的坏印象。

3. 整体原则

正确的着装应考虑自己的年龄、体型、脸型、肤色以及周边的环境等诸多因素，各个因素相互配合，形成和谐统一的整体。着装时还应注意对细节的检查，跳线的丝袜、脱落的装饰纽扣，都有可能破坏整个着装效果，所以，这些微小的细节都值得我们在出门前仔细检查。

4. 三色原则

服装搭配的颜色不可以太多，搭配的上衣、裤子、鞋子、袜子、腰带、帽子、围巾等最好不超过三种颜色。如果颜色太多，容易让人感觉主次不分，喧宾夺主，视觉上会有杂乱无章之感。当然，这里讲的"三色"主要指三种色系。

5. 个性原则

意大利影星索菲亚·罗兰说："你的衣服往往表明你是哪一类人，它不仅代表你的个性，还能展现出你的兴趣爱好、心理状态等。"每个人都应该穿出专属于自己风格的衣服，在合适的前提下，穿出自己的个性与风格，这样才能彰显魅力。

另外，从衣着搭配的整体而言，鞋子比裤子重要，裤子比上衣重要，打底衫比外衣重要。选择衣服时应依据自己的年龄、职业、形体条件进行选择，而不是盲目跟风，东施效颦。

（二）着装搭配

着装的搭配要考虑很多因素，每个人的情况不一样，搭配的方式也会有所不同。接下来重点介绍男士西装与女士套装的相关礼仪。

1. 男士西装礼仪

西装也称西服，起源于 17 世纪的欧洲，是世界公认的男士较正式的服装。西装可以是上下面料完全一致的两件套，也可以加一件同质同色的马甲变为三件套。

（1）纽扣的扣法。

双排扣西装的纽扣要全扣上。单排扣西装有两粒扣与三粒扣之分，若为两粒扣，只扣上面一粒；若是三粒扣，可扣上面两粒或只扣中间一粒。单排扣的西装不可以把纽扣全扣上，也不可以全部都不扣，前者会给人拘谨的感觉，后者又会让人感觉不够庄重。

男士西装礼仪

（2）西装与衬衫的搭配。

能与西装搭配的衬衫有很多，最常见、最正规的是白色或其他纯浅色的衬衫。领子是硬领，领口要直，不能有折痕。合适的衬衫领子大小是扣上纽扣后，还能轻松插进一根食指。衬衫领子要比西装上衣的领子高出1.5厘米左右，衬衫袖口要长出西装袖口1.5厘米左右，所以，短袖衬衫是不可以配西装的。衬衫的下摆要塞进西裤里，不能散在外面。

如果要在衬衫内添加保暖内衣，则务必选择小一码的内衣，不可以从领口和袖口处看到里面的内衣。

（3）领带的选择和使用。

领带是男士穿西装时最重要的饰物，在欧美各国，领带、手表和装饰性袖扣被称为"成年男子的三大饰品"。

领带的面料应选择真丝或羊毛的，不能选择山棉、麻、绒、皮等材质的。以蓝色、灰色、棕色、紫红色等颜色为首选，最好与西服同色系。同一条领带的颜色不能超过三种，颜色过浅或过艳的领带也不宜佩戴。

领带上的图案以条纹、圆点、方格等规则的小几何形状为主。领带的形状外观有宽窄之分，选择时要使领带的宽度与自己的身材成正比。下端为箭头的领带显得比较传统正规，下端为平头的领带显得较时尚随意。

日常所用的领带通常长约130～150厘米，领带打好之后，外侧应略长于内侧，标准长度应当是下端的大箭头正好触及皮带扣的上端。这样，当外穿的西装上衣系上扣子后，领带的下端便不会从衣襟下面显露出来。如果领带打得太短，它容易从衣襟上面"跳"出来，所以，不提倡在正式场合选用难以调节长度的"一拉得"或"一挂得"领带。

领带夹过去是西装的重要饰品，现在国外已很少使用。如要固定领带，可将其第二层放入领带后面的标牌内。如果用领带夹，应将领带夹夹在衬衫自上而下的第四粒至第五粒纽扣之间。

（4）袜子与鞋子的选择

最好选择黑色或者深色系列，质地为羊毛或纯棉的袜子，切不可一身深色系列的西装配一双浅色或艳色的袜子。

在正式隆重的场合最好穿黑色的皮鞋，不要有图案或者花纹，这样可以给人简洁、大方的感觉。出门前记得擦亮鞋面，清理干净鞋底。

（5）"三一定律"

着西服时，皮带、皮鞋和手中的公文包最好是同种颜色、同一质地。通常黑色和褐色最容易与西服搭配，所以，男士不妨准备这两种颜色的行头。

（6）其他

一般情况下，不要在衬衫外穿羊毛衫，如果非要穿，一定要选薄且是V字领的，千万不要穿有纽扣的，否则会给人眼花缭乱、到处是纽扣的感觉。

装太多东西会破坏西装的线条，切不可在皮带上挂钥匙链，否则会显得很没有品位。

西装商标一般位于左衣袖上，要及时去掉它，否则非常影响美观。

2. 女士套装礼仪

女性的职业装一般是指套装，可以是套裙，也可以是套裤。套裙最好选用高档面料缝制，可以是同一颜色、同一质地的素色面料，以冷色调为主，给人典雅、端庄、稳重的感觉；也可以选择浅颜色上衣、深颜色裙子，体现庄重、正统之美；如果上衣颜色深、裙子颜色浅，会给人充满活力与动感的印象。

裙装的样式有：上长下长、上短下短、上短下长，也可以上长下短。一般认为，裙太短则不雅，裙太长则无神。下摆恰好到着装者小腿肚子上最为丰满处，是最理想的裙长。当然，可以根据个人的身材与流行趋势对裙子的长度进行调整，但不是越短越好，下摆不应高于膝盖上 10 厘米（三寸）处，更不宜露、透、短、紧。

与套裙相配的鞋子，宜为高跟、半高跟的船式皮鞋或盖式皮鞋。系带式的皮鞋、丁字式皮鞋、皮靴、皮凉鞋等，都不能与套裙搭配。鞋子的颜色以黑色为首选，此外，与套裙颜色一致的皮鞋也可以。

与套裙相配的袜子，应是连裤袜，高筒袜、中筒袜、低筒袜都不能和套裙搭配。袜子的颜色多为肉色、浅灰色、浅棕色，并且要选透明的薄袜子，不能带有图案和花纹，彩色袜、厚的天鹅绒袜都不宜与套裙搭配。丝袜的大小要适度，太大会往下掉，太小又不利于血液循环。袜子一定要完好无损，有洞、跳丝、残破的袜子应立即更换，最好随身携带一双备用的丝袜，以防万一。

女士套装礼仪

着套裙还有很多禁忌：

（1）忌穿黑皮裙。在国外，只有街头女郎才这样打扮，与外国人打交道时，尤其在国际商务活动中，绝对不能穿黑皮裙。

（2）忌光腿光脚。穿套裙一定要穿与之配套的袜子，不能光着腿脚，否则不但有碍观瞻，还有卖弄风骚之嫌。

（3）忌"三截腿"。"三截腿"是指穿裙子时，穿半截袜子，袜子和裙子中间露一段腿肚，导致裙子一截、袜子一截、腿肚一截。这样穿会使腿显得粗短，在国外往往被视为没有教养。

三、配饰礼仪

饰品指能起到装饰点缀作用的饰物。女性配饰的种类很多，如头饰、耳饰、颈饰、腕饰、腰饰、手饰、脚饰等，具体有帽子、发卡、耳环、项链、围巾、胸针、胸花、手表、手链、手镯、腰带、手袋、手套、戒指、脚链等，眼镜也是很重要的饰品。男士的配饰相对比较简单，主要有领带、皮带、手表、戒指、公文包等。

有人将首饰比作女人的第二双眼睛，可以射出诱人的光芒，由此可见女性对于配饰的钟爱和珍视。有的配饰本身就是一件艺术品，是财富和身份的象征。因此，精致的配饰不仅能对整体形象起到画龙点睛的点缀作用，也是自我个性的张扬和审美情趣的展示。选择什么样的配饰，如何正确地使用和佩戴配饰，成为现代人生活中乐此不疲的话题。

（一）饰品佩戴的原则

1. 整体协调的原则

在佩戴饰物时要综合考虑到交往对象、场合、心情、服饰风格等诸多因素，协调一致的搭配、恰到好处的点缀，才能达到配饰的美化目的。身穿西服正装时，如果佩戴金项链、玉手镯、珍珠玛瑙戒指就会显得极不协调。佩戴的饰物最好与所穿服装同色系。

2. 数量适当的原则

珍贵的饰物虽然夺目，但若佩戴过多，反而会喧宾夺主。佩戴的饰物数量以 2~6 个为佳。耳环虽然是一件饰物，但因为分在面部两侧，所以要算 2 个。若颈部佩戴了项链，手腕佩戴了手表，耳部佩戴了耳环，手指佩戴了戒指，就已经有 5 个饰物了，不宜再佩戴亮丽的发夹和腰带，否则会把人的目光锁定在饰物上，而忽略服饰和人的整体形象。

3. 同色同质的原则

配饰的种类繁多，颜色也五彩缤纷。我们选择的配饰应当与服装的材质、颜色搭调，配饰之间要讲究同色同质。如佩戴珍珠项链，那么耳环、戒指、手表也最好选择珍珠的或者有珍珠装饰的；不要手腕戴着象牙镯子，而手指佩戴黄金戒指，颈上又挂着珍珠项链，像开杂货铺，这是拙劣的佩戴方法。

4. 扬长避短的原则

佩戴的饰品要能突出自己的优点，掩盖缺点。如圆脸的人适合戴长耳坠，使脸型显得长一些，而不适合戴大大的耳环。短而粗的手指选择戒指时要选择有花型的、立体感强的，这样能在视觉上拉长手指，而不要选择简单的一个圈的戒指，否则会显得手指更短。脖子较短的人，戴项链时要选择细长的，而不要戴紧贴脖子的粗项链。

5. 做工精致的原则

在正式场合或社交场合，一定要佩戴质地精良、做工精细的饰品，表示对活动的重视、对交往对象的尊重。粗制滥造的饰品不如不戴，那会显得很没品位。

(二) 饰品佩戴的技巧

由于女性与男性的情况不同，所以分别介绍女性和男性应如何正确地佩戴所选饰品，以下提供几种常见配饰的佩戴方法。

1. 女性佩戴饰品技巧

（1）玲珑耳环彰显女性魅力。

耳环的样式不外乎穿耳洞式、夹式和扭转式等。穿耳洞式的耳环佩戴较为烦琐，但是样式精巧，种类繁多；夹式的最容易佩戴，唯一的缺点就是戴久了会阻碍耳部的血液循环，需每隔段时间就摘下来，让耳朵休息一下；扭转式的耳环可以根据每个人耳朵的厚度自行调节，但要注意的是随时有脱落的可能。

耳环的款式要与脸型搭配。脸型圆润丰满的人，适宜佩戴长耳环或垂坠款式，让脸看起来细长些；瘦长脸型的女性可选择纽扣型的耳环，使脸部显得较宽；瓜子脸型的女性几乎任何造型的耳环都适合佩戴，尤以扇形、水滴形耳环更显妩媚。

耳环的大小要与身材相符。身材纤细瘦小的女性，应佩戴小巧秀气的耳环，因为如果佩戴的耳环太大，会让人看起来头重脚轻；身材高大、脸型宽大的女性，应戴大型的耳环，才能衬托出大方的气质；而脖子过短或过长的女性，不宜佩戴有长坠子的耳环，否则会更加暴露脖子的缺陷。

耳环的佩戴要应事应景。出席比较正规的社交场合，比如参加宴会、婚礼或庆典仪式，应当选用品位和质地较为高档的耳环，诸如钻石、翡翠、宝石镶嵌的耳环。耳环也要根据整体服饰来选择款式，服饰色调鲜艳的，宜搭配色泽淡雅或同色系的耳环，穿长衣时可选用大圆形的耳环，穿裙子时适宜戴小圆型的耳环。

（2）精致项链、胸针、戒指、手镯增添女性光彩。

项链的佩戴对女性的气质有着不可言喻的作用。戴上一根合适的项链，可以使你散发出端庄高贵的气质，让人的目光一下集中在你的上身，因此，项链在所有首饰中有着"贵重"的地位。穿长礼服时，佩戴珍珠或与礼服同色系的玉珠项链，可与礼服起到相互映衬的作用；穿套装时，可搭配链式项链；穿休闲服饰时，可以根据自身的喜好，佩戴样式新颖、做工精细、夸张而有个性的项链，如木制或陶瓷的项链。

身着高贵材质的服装时，如能别上一枚镶有玉石的胸针，会显得格外高贵典雅。而穿着裙装或休闲服装时，可以佩戴具有个性设计图案的胸针。一般而言，镶嵌有珠宝的胸针较适合年长的女性，可以衬托端庄稳重的气质；年轻的女性应选择式样活泼或色调柔和的胸针。胸针的颜色最好与衣服的颜色产生深浅对比，能形成视觉上的差异感。

在大多数场合，戒指都是很夺人眼球的饰物。平时，戴上戒指可增加手部的美感。戒指的款式应当与手指相配合：手指粗短者，应选择椭圆形的戒指，可使粗短的手指显得较为修长；手指细长者，可选择圆形的戒指。戒指戴在哪个手指上也有一定的讲究：通常恋爱中的男女会把戒指戴在中指上，已婚的男女会把戒指戴在无名指上，个性化的装饰戒指宜戴在食指上，将戒指戴在小拇指上是告诉别人你是单身。

手镯是一种套在手腕上的环形饰品。手镯一般戴在右手上，最好把成对的手镯同时戴在手腕上，戴手镯时不宜戴手表。短粗胖的手型，不宜戴宽手镯。

（3）多彩腰带塑造女性万种风情。

腰部是彰显女性美丽的重要部位。女性都希望自己拥有曼妙的身段，尤其是具有水蛇般的腰部，装饰性的腰带就可以让美丽的腰部立显。

腰带大致可分为三种：纤细型、宽边型、个性型。纤细型腰带一般搭配优雅的连衣裙，一些职业感强的上装也可以搭配使用，这样能起到很好的点缀作用，显得典雅、庄重、淑女味十足。简洁的宽边型腰带可以为本就面料不多的夏装带来丝丝凉意，增添几分动感，不但可以遮掩腰部的缺点，还能为服装赋予更多的时尚色彩。个性型腰带包含许多款式，如金属链相接式、皮链相接式、宝珠相配式、绳索式等，色彩缤纷，令人眼花缭乱。

对于身材高瘦的女性，任何样式的腰带都适宜，而相对瘦小的女性，应选用个性型腰带；上身长的女性腰身会显得很长，这类体型一般选用宽边腰带，会使腰显得短些；臀部较宽的女性应当避免使用低腰的宽腰带，宜用纤细型腰带，以简约雅致为主；体型较胖的女性不宜选用腰带。腰带的色彩尽量与服装的颜色相近或相同。

（4）艳丽围巾、帽子打造女性潮流时尚造型。

随着时代的变迁、社会的发展，围巾、帽子已不再只是防寒保暖的必需品，它们俨然发展成了散发女性时尚气息的装饰品。冬天气温低，人们所穿衣服的色彩会较暗，这时如果佩戴颜色适宜的围巾、帽子，就会打破沉闷的氛围，使整个人都显得生动、活泼起来。

围巾、帽子的佩戴除了考虑时间、地点、场合外，也要考虑衣服、年龄、脸型、发型等因素。围巾与衣服的搭配最主要考虑的因素是色差，最好色差比较大，这样才能衬托出衣服与围巾的层次感。浅色围巾配深色针织衫，浅色针织衫就要配深色围巾，这样显得更出位俏丽，突出亮点，这是经典的搭配方式之一。围巾与衣服搭配时还要考虑质地薄厚是否一致，薄的套裙，一定不能搭配厚的毛线围巾，要搭配飘逸的丝质或棉质围巾；厚的大衣或棉衣，最好搭配厚的毛线或者羊毛质地的围巾，这样才协调一致。但无论如何不能让围巾的鲜艳掩盖了自己面部的本色，烘托面部特征也是选择围巾颜色的主要原则。

长脸型的人最好不要带高顶帽，宽边帽、帽檐向下的帽子较适合；宽脸型的人不应该选择将额头遮住的帽子，适合小沿帽或者高顶的帽子；矮个子的人不要戴平顶宽沿儿帽；高个子的人不要戴高筒帽。

2. 男性佩戴饰品技巧

男性的饰品较女性会少一些，主要有眼镜、领带、皮带等。

眼镜的佩戴会影响到整个面部的轮廓。选择眼镜时要考虑两个因素：一是镜框外形与脸型是否相称，二是镜框颜色与肤色是否协调。拥有方形脸的男性，宜选配近似方形的镜架，不宜选用扁形的镜架；圆形脸宜选配扁形或梨形镜架，不宜选用太圆太方的镜架。佩戴眼镜除了考虑脸型外，还要充分考虑肤色问题，如果肤色比较黑，切忌佩戴红白两色的眼镜，它们都是黑色的对比色，会让脸色显得更暗。

领带是男性正装的灵魂，是打扮的焦点，已成为男性正装不可或缺的装饰品。领带的搭配最重要的是考虑领带的色彩，应以衬衫或西装颜色为底色来参照选择。若衬衫是白色的，那么领带上的图案最好带一点白色；以此类推，若换成蓝色衬衫，则领带上最好带一点蓝色。如果西装颜色是藏青色，领带可以采用带蓝色斜纹的；如果西装颜色是咖啡色，领带颜色就可以是米色或黄色圆点的。最保守的搭配方式是选择与西装或衬衣相近的颜色的领带。也有反差比较大的搭配方式，但是要慎用，搭配好了会很时尚，搭配不好会很土气。蓝底米色圆点领带配白色衬衣，绛红色方格领带配黑色西服白色衬衫，蓝色领带配藏青色西服或白色衬衫，这些都是基本的搭配方式。

男性的皮带不仅具有固定裤子，防止裤子下滑的作用，还有装饰的作用。造型简单的皮带具有彰显男性气质的强大力量，但是这个作用很容易被男性忽视。

男性在选择皮带时要遵循配饰的整体性原则，不能穿一身昂贵的西服却系一根红色丝织的带子（所谓本命年扎的那种红色带子）。要保持皮带的亮度和崭新度，过旧甚至掉皮的皮带一定不要再使用，否则会使你昂贵的西服大打折扣，有失身份。皮带的选择最好随着潮流的变化而变化，这很大程度体现在钩扣上，如代表高贵、优雅的纯金钩扣，其造型、大小都可以表现出男人的魅力。皮带的长度应保持尾端介于第一与第二裤绊之间，宽窄应保持在 3 厘米左右。太窄，会失去男性阳刚之气；太宽，只适合休闲、牛仔风格的装束。皮带上切忌携挂过多的物品，这样既不利于腰身的展现，也会降低你的身份与品位。不同的季节、不同的服饰，应佩戴不同款式的皮带。

第三节　仪态礼仪

🗨 案例导入

一口痰"吐掉"一项合作

这是一场艰难的谈判。

一天下来，美国约瑟先生对于对手——中国某医疗机械厂的范厂长——既恼火又钦佩。这个范厂长对即将引进的"大输液管"生产线行情非常熟悉，不仅对设备的技术指数要求高，而且价格压得很低。在中国，约瑟似乎没有遇到过这样难缠而有实力的谈判对手。他断定，今后和务实的范厂长合作，事业是能顺利的，于是信服地接受了范厂长那个偏低的报价。"OK！"双方约定第二天正式签订协议。

天色尚早，范厂长邀请约瑟到车间看一看。车间生产井然有序，约瑟边看边赞许地点头。走着走着，突然，范厂长觉得嗓子里像有条小虫在爬，不由得咳了一声，便急急地向车间一角奔去。约瑟诧异地盯着范厂长，只见他在墙角吐了一口痰，然后用鞋底擦了擦，油漆的地面上留下了一片痰渍。约瑟快步走出车间，不顾范厂长的竭力挽留，坚决要回宾馆。第二天一早，翻译敲开范厂长的门，递给他一封约瑟的信："尊敬的范先生，我十分钦佩您的才智与精明，但车间里你吐痰的一幕使我一夜难眠。恕我直言，一个厂长的卫生习惯，可以反映一个工厂的管理素质。况且，我们今后生产的是用来治病的输液管。贵国有句谚语：'人命关天！'请原谅我的不辞而别，否则，上帝会惩罚我的……"

范厂长觉得头"轰"的一声，像要炸了。

仪态，又称为体态，是指人的身体姿态和风度。姿态是身体表现出来的样子，风度是内在气质的外在表现。仪态和仪容仪表一样，能客观地传达出个人信息，从一个人的动作、身体姿态、手势常常能判断出他的性格、能力、学识、修养等。"站如松，坐如钟，行如风"，古人很早就对人的行为举止提出了要求。达·芬奇也说："从仪态了解人的内心世界，把握人的本来面目，往往具有相当的准确性与可靠性。"温文尔雅、大方从容、彬彬有礼的人更容易受到欢迎，所以，一定要用美好的仪态为自己赢得好感和机会。

仪态主要包括形体、站姿、走姿、坐姿、蹲姿和手势。

一、形体

形体，顾名思义，指人的身体或体态，它是人在先天遗传和后天锻炼的基础上表现出来的身体形态上的相对稳定的特征。形体美非常重要，它能改善外在形象，调整不良肢体形态，提高自我素质。

形体美的标准是健壮有力，体形匀称，线条分明，精神饱满。具体来说，女性形体和男性形体又稍有不同，女性形体强调的是线条和优美的身形；男性形体更注重肌肉、力量和阳刚之气。

心理学家奥伯特·麦拉比安著名的沟通黄金定律为：55% 形体 +38% 语言 +7% 内容。由此可见，人们往往忽略的形体却是人际交往中最重要的部分。我们常说"神形兼备"，神和形是融为一体的，形是神的承载，而神是形的灵魂。有句流行的话说得好："人们总是根据书的封面来判断书的内容，决定买不买这本书。"对于人来说，也是如此。正如本段开头提到的著名的沟通黄金定律中就指出，留给他人的第一印象中有 55% 是取决于你的外表，其中人的形体占据很重要的分量。

所以，我们要明白保持良好身材的重要性，并积极培养这种意识，坚持运用科学的方法保持良好体形。时下流行这样一句话："如果你连自己的体重都把握不了，那么你将如何把握你的命运呢？"欧洲也流行一句话："空有语言而无行动的人，犹如杂草丛生的花园。"用这两句话形容减肥再贴切不过了，因为减肥不是只靠冥想和口号就能实现的，而是一个长期坚持的过程。许多人想几天之内就减掉十几公斤体重，这不仅违背了自然规律，也超出了人的生理极限。形体美是一种天然健康的美，健康美才是美的首要条件，美是建立在健康之上的，有损于健康的美不会长久，也不可能是真正的美。一个人的身材、容貌与先天的遗传固然有很大的关系，但后天科学合理的营养和锻炼才是最重要的，那么如何在拥有健康的同时保持好的身形呢？这就要讲求科学的锻炼方法。

（一）形体美的衡量标准

1. 女性形体美的基本衡量标准

标准体重计算公式为：［身高（厘米）－100］×0.85（千克）；

上下身比例：以肚脐为界，上下身比例应为5∶8，符合黄金分割定律；

胸围：由腋下沿胸的上方最为丰满处测量，胸围应为身高的1/2；

腰围：腰最细的部位，其标准围度比胸围小20厘米；

臀围：在体前耻骨平行于臀部的最大部位测量，臀围应较胸围大4厘米；

肩宽：即两肩峰之间的距离，应等于胸围的1/2减去4厘米。

2. 男性形体美的基本衡量标准

标准体重计算公式为：［身高（厘米）－100］×0.9（千克）；

向两侧平伸两臂，两手中指尖的距离应等于身高；

胸围应等于身高的1/2加5厘米；

腰围应较胸围小15厘米；

臀围应等于身高的1/2；

肩宽应等于身高的1/4。

（二）塑造形体美的方法

1. 因人而异，具有针对性

要结合自身的体质选择不同的练习方法和内容。首先要根据自身的需要和特点制订锻炼计划，瘦弱型的女性可以选择练气功、打太极拳、有氧舞蹈、慢跑、散步等运动强度和运动量适中的锻炼方式，关键做到合理控制，度量适宜；肥胖型的女性可以选择骑自行车、跑步、爬山、游泳等运动量较大的锻炼方式；综合型的女性可以选择练习瑜伽。由于男性与女性的身体特征与构造不同，所以他们运动的方式与项目也应有别于女性，游泳、长跑、球类运动或者利用健身器械都是不错的选择。

2. 坚持不懈，掌握规律性

人体就是一部周而复始地运转、高度精密的机器，时刻在新陈代谢，循环往复，所以，对机理状况的调节，应该具有一定的规律性。女性的身体有女性独有的生理周期和特点，更应该认真分析自身的生理特征。锻炼时，机能消耗，能量损失，而休息时补充营养和适当睡眠，又能将体能水平恢复至原始状态，甚至超过原有水平，精力更加充沛，医学上称这种现象为锻炼后的超量恢复。因此，可以在锻炼的时候利用这一生理特征，有计划、有步骤地进行锻炼，从而达到增强体质的目的。

3. 循序渐进，讲究合理性

对于刚进入锻炼阶段的人来说，应当注意练习的内容由易到难、运动量由小到大、运动时间由短到长。刚开始可以选择一些节奏缓慢、变化较少、幅度较小的活动进行锻炼，待身体、精力等各方面的条件逐渐适应之后再提高要求，使技能和机能水平循序发展，这样才能真正达到健身的效果。

4. 全面兼顾，遵循变化性

参加体育锻炼并不只是一味地模仿或者机械地重复，否则，在锻炼一段时间后就会因为兴趣的减退而打消锻炼的积极性，从而影响效果。有的人在进行一段时期的健美操训练之后，其体质、精力、乐感等方面都有了比较明显的提升，可到达一定阶段之后效果却不如刚开始那么明显了，这是因为每次重复创新性不高的练习，机体和意识逐渐下降，甚至失去了兴趣，打击了锻炼的自觉性和积极性。因此，这就需要创造性地安排每阶段的练习内容和方法，循序渐进，始终保持锻炼的激情。

二、站姿

站姿是最基本、最常用的一种静态形体举止。人们常用"站有站相""站如松"等字眼来评价一个人的站姿修养。良好的站姿可以反映出自信和乐观的精神状态。

（一）女性站姿

女性站姿

女性站立时，应当注意的基本要素是挺拔、均衡和自然。具体而言，从正面看人站立的姿势，其身形应当正直，头、颈、躯干和双腿应与地面垂直，两肩保持水平放松，两臂和手在身体两侧自然垂下，手指自然弯曲，掌心向内，中指或无名指轻触裤缝，或一只手搭在另一只手上，贴放在腹部前；从侧面看，其下颌应微收，双眼平视前方，面露微笑，胸部稍挺，腹部微收，全身重心置于双足后跟。双脚并拢或呈丁字形站立，整体呈现出庄重、稳健、自然而有力度的姿态。站立时间较长较累时，可以一腿支撑，另一条腿稍稍弯曲，但上体依然要保持挺直的状态。

女性典雅、妩媚的站姿，关键在于脊梁的笔直，挺立、直腰、向上是练习站姿的基本要领。

1. 挺立

站立时尽量让身体舒展、平缓，切忌东倒西歪、歪头斜颈、耸肩勾背、撅臀曲腿、含胸塌腰、趴伏倚靠、双腿叉开过宽等，否则会给人一种无精打采、轻浮散漫的形象。

2. 直腰

端正直挺的脊梁是人体线条美的重要部分。从身体的正面或背面看，脊柱应当是垂直的，而从侧面看，应有一条正常的弧度。站立时，下颌微收，胸部前挺，腰部、臀部和腿部的肌肉保持适度的紧张状态，能让人体脊柱的正常弯曲弧线保持适度和正常，给人端庄、直立的形象。

3. 向上

站立时，头要保持正直，并微微往上昂起，有种悬顶的感觉，仿佛头部被一根绳索向上牵引着。颈部肌肉适度紧张，精神提振，臀部要用力收缩两侧肌肉和股肌，使之向大腿内侧包紧，并适当提髋向上。双腿应笔直，脚掌用力下压，上下抵住，让身躯保持站立的最佳状态。

（二）男性站姿

男性站立时，要表现阳刚、英武、潇洒、干练的气质，具体要求是：下颌微收，双目平视，身体直立，挺胸抬头，挺髋立腰，吸腹收臀，两膝并严，两脚靠紧，双手置于身体两侧，自然下垂，这是较标准的站立姿势；也可以将脚跟并拢，脚掌分开呈 V 字形，像平时立正的姿势；还可以两脚分开与肩同宽，双手叠放置于腹部，这种站姿更显男性的从容大气。但是不论怎样，脚尖要处于同一水平面上。这时，从正面看，头顶、肚脐、脚跟成一条直线，从侧面看，耳、肩、膝、脚跟成一条直线。

三、坐姿

坐，相对于站来讲是一种放松。在生活、学习、工作中，坐相一定要稳重、端正。

（一）入座的基本要求

入座又称就座或者落座，是人们坐到座位上的具体行动。在古代的社交场合入座时，要遵循许多礼节，比如入座讲究顺序排位，要礼让尊长，以右为大，从左入座，还要注意座位的方位、落座时动作幅度的大小。当然，现在已没有了这么多的要求。现代礼仪中对女性入座的基本要求可以归纳为三点，即轻、缓、紧，也就是入座时落座声轻，动作柔和舒缓、神态自如，腰部、腿部肌肉尚有紧张感。如果女性身穿裙子，应将裙子后摆向前拢一下再坐下，这样既可以防止裙底"走光"，又可以给人文静、柔美、懂礼的感觉。

在社交和商务场合，若同他人一起入座，最好是礼貌地邀请他人先就座或与对方同时就座，不可抢先坐下或随意坐下。入座时，还要注意方位，分清座次的尊卑，主动将上座（如面对门脸的座位、居中的座位、右侧的座位）让给尊长或领导。就座时要从座位左侧入座，这是一种就座的礼节。

（二）落座的规范姿势

同站姿一样，端庄优雅、沉稳大气的坐姿能表现出人体的静态美。坐姿的关键在于入座后需要下肢与上半身协调配合，尤其是腿和手的摆放要得体。

1. 女性常用坐姿

（1）正襟危坐式。

这种坐姿可适用于面谈等正规场合，给予对方诚恳的印象。这种坐姿要求入座者上身与大腿、大腿与小腿均成直角，并使小腿同地面垂直，双脚双膝一定要并拢，女性落座后切忌两膝张开。在尊长面前不宜坐满椅面，可视凳子大小坐 1/2 或 2/3。

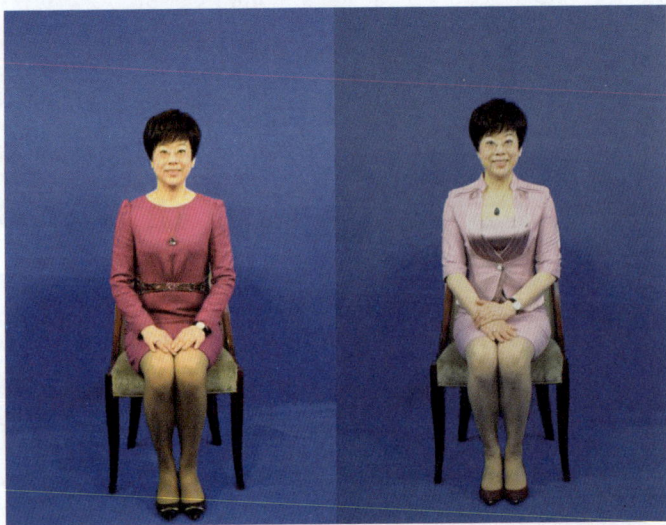

正襟危坐式

（2）双腿交叠式。

这种坐姿从正面看，双腿应上下交叠，叠放在上的脚的脚尖应垂向地面，或收于另一脚小腿后而脚尖垂向地面，两腿交叠呈一条直线。双脚可根据座椅的高度选择自然斜放或垂放。穿短裙的女性可以采用此种坐姿，但要避免手抱膝盖，否则会导致上身含胸驼背，看起来不太雅观。

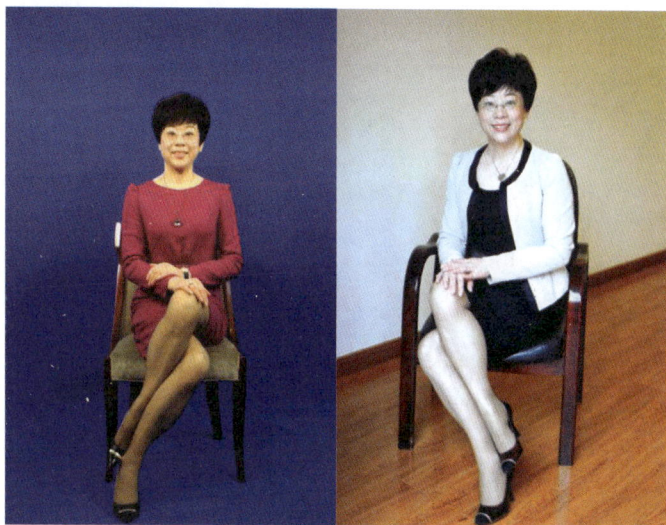

双腿交叠式

（3）双脚斜放式。

坐在较低的座椅上时，双脚常常无法垂放，膝盖可能会高过腰部，尤其对于穿短裙的女性，容易裙底"走光"，较为不雅，这时最好将两脚并拢后向右侧或者左侧斜放，与地面成45°左右的夹角。

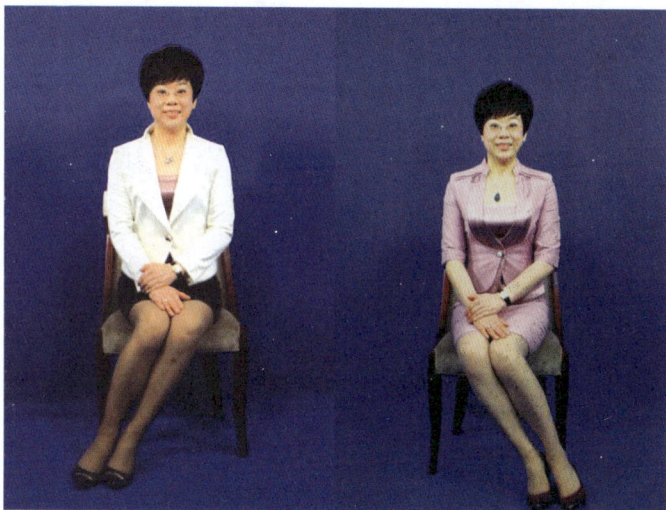

双脚斜放式

（4）双脚微开式。

膝盖靠拢，双脚稍稍张开，但是双脚最多只能张开约肩宽，如果张得太开会让人觉得太随意，脚的线条美也会不存在了。

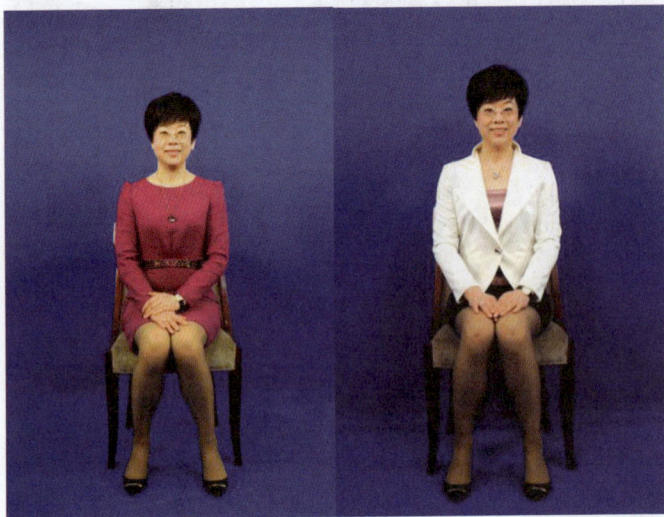

双脚微开式

（5）前立后伸式或前伸后立式。

这种姿势可以将重心放在双腿之间。大腿保持并拢的状态，然后一条腿在前直立，另外一条腿稍屈紧靠前腿内侧，让前后两条腿呈一条直线。

前立后伸式或前伸后立式

2. 男性常用坐姿

（1）标准式：双目平视，上半身挺直，双肩正平，双膝并拢，双手平放在大腿上。

（2）前伸式：在标准式的基础上，左脚向前半脚，脚尖不要翘起。

（3）前交叉式：小腿前伸，两脚踝部位交叉。

（4）屈直式：左小腿回屈，前脚掌着地，右脚前伸，双膝并拢。

（5）斜身交叉式：两小腿交叉向左斜出，上体向右倾，右肘放在扶手上，左手扶把手。

3. 坐姿的禁忌

（1）双腿叉开过大。面对外人时，双腿如果叉开过大，不论是大腿叉开还是小腿叉开，都极其不雅和不敬。

（2）架腿方式欠妥。坐下后将双腿架在一起，这种坐姿也允许。但要注意，应当是两条大腿相架，并且一定要使二者并拢，如果将一条小腿架在另一条大腿上，两者之间还留有大大的空隙，成了所谓"架二郎腿"，就显得吊儿郎当。

（3）双腿直伸出去。坐下后，不宜将两腿直挺挺地伸向前方，这样做不仅妨碍别人，也很难看。

（4）把腿放在桌椅上。有人坐下后为了舒服，喜欢将双腿或单腿置于高处，有时甚至把腿架在前面的桌子或椅子上，这样极其不雅。把一条腿或双腿盘到自己所坐的座椅上，也不恰当。

（5）腿部抖动摇晃。坐在别人面前，反复抖动或摇晃自己的腿部，不仅令他人心烦意乱，也会给人紧张或轻浮的印象。

（6）脚尖指向他人。无论采用哪一种坐姿，都不能将脚尖悬空指向别人，这样做是非常失礼的。

（三）离座的礼仪

离座时应当缓慢、稳当、讲究礼貌。首先要注意离座的先后次序，应让身份高、辈分大者先离座；然后起身的动作要注意轻缓，不可猛起猛出，尽量不要发出声响，尤其在图书馆等公共场所；之后要注意离开的方位，同入座一致，要坚持"左进左出"，出入如一；最后要站定再走，离座时要自然稳当，从容移步，不要匆忙离去或跌跌撞撞，防止给人留下轻浮的印象。

四、走姿

如果将站姿和坐姿称为人体的静态姿势，那么走姿则是人体的动态姿势。走姿，顾名思义，即人在行走时的姿态，是站姿的延续动作。走路，每个人都会，但要想走得好看，走得优美，走出风度，则需要掌握走的要领。

走姿

人们走路的模样千姿百态，各有特色，给人的直观感觉也有很大的差异。有的步伐稳健、自然、大方，给人成熟、稳重、斯文的感觉；有的步伐雄阔，给人勇敢、无畏的印象；有的步伐敏捷、健步如飞、体态轻盈，给人轻巧、飘逸、柔和之美。

走姿的规范要求是：从容、平稳。起步时，身体稍稍向前倾斜，身体重心落于前脚掌。行走时要保持身体的直立，收腹立腰，头部端正，双目平视，两肩齐平，两臂放松在身体两侧自然摆动，手臂同身体之间的夹角一般在 10°～15°，摆幅在 30°～35° 为宜。脚尖应微微向外或向正前方伸出，步伐稳当、自然，跨步应均匀且有一定的节奏感，精神饱满，面带微笑。尽量保持直线行走，双脚交替迈步，注意前脚着地和后脚离地时伸直膝部。

穿高跟鞋及裙装的女性行走的步幅一般应略小，步伐应当轻捷、蕴蓄、娴雅，展现阴柔的美感；男性身材高大，步伐会稍微大一些。不论是女性还是男性，其走姿具体表现在步幅、步姿和步态等方面。

（一）步幅和步位

走路时姿态美不美，关键在于行走的步幅和步位。步幅即行走过程中前后两脚之间的距离。步幅的大小往往同身体的高度成正比：身高脚长者，步幅较大；身矮脚短者，步相应较小。通常情况下，女性的步幅约在 18～22 厘米，这也取决于所穿的服饰和鞋子。男士的步幅要大一些，一般为 40 厘米左右。

所谓步位，是指行走时双脚落地的位置。走路时步位要尽量保持在同一直线上，而不是走平行线或者曲线。如果两脚分踩两条线，是很不雅观的步位。

（二）步速和步韵

步速也是步态美的一个重要环节，它取决于人的情绪高低。情绪高涨，步速就会较快，甚至会蹦跳；情绪处于低潮期，动作就会较为迟缓。要保持步态的优美柔和，行进的速度应当平稳、均匀，既不能过快过慢，也不能忽快忽慢。

自然优美、富有节奏感的步韵应当是身体各部位之间保持和谐的动作，保持在一定的韵律状态，这就要求膝盖和脚踝维持弹性，让腰部成为身体重心移动的轴线，双臂自然摆动在身体的两侧。

（三）步态

步态能客观地反映出一个人的情绪和心理。当情绪愉悦、身心放松时，步态就会有种自然流露的欢快节奏，正所谓"人逢喜事精神爽"，在步态上也会得到充分体现；当情绪低落、抑郁踌躇时，步态会显得沉重、缓慢，节奏也显得较为徘徊；当信心满满时，步态会变得坚定明快、铿锵有力；当生气发火时，步态就会变得强硬，充满悲愤感。

脚步的轻重、快慢、幅度及姿态也需依据所处场合和时空而定：在公园悠然散步时，步态可以是轻而缓；在宴会上，步态应轻而稳；在婚礼上，步态要轻快、飘逸；在葬礼上，步态应当沉重、缓慢。总之，步态要因地、因事、因人、因景而异。

（四）走姿的忌讳

（1）忌身体摇摆。行走时晃肩摇头，上体左右摆动，会显得特别慵懒、轻薄。脚尖不要过于向内或向外，避免形成"鸭子步"或"外八步"。

（2）忌弯腰驼背。含胸弓背，低头无神，步履蹒跚，会给人特别压抑、没精神的感觉。应抬头挺胸收腹，神采奕奕。

（3）忌双手乱放。走路时，两臂在身体两侧自然随步伐摆动即可。不要把手插在衣服口袋里，也不要双手叉腰或倒背着手走路。

（4）忌拖泥带水。双脚不可在地上拖来拖去，脚步应干净利索。

五、蹲姿

蹲姿在生活、工作中用得不多，但是最容易出错。在公众场合，很多女性俯身取物或整理鞋袜时，有的弯身曲背，低头撅臀，有的双腿叉开，平衡下蹲，这些都是不雅观、不礼貌的蹲姿。尤其在国外，人们把穿裙子的女性两脚敞开下蹲的姿势视为"卫生间姿势"。那么，如何能既方便捡取物品，又不失文雅大方呢？

蹲姿类似于坐姿，但它并非臀部触及座椅；它又类似于跪姿，却又不是膝部着地。在有必要采用蹲姿时，要做到姿态优美，举止从容。

（一）常用的蹲姿

1. 双腿高低式

这种蹲姿要求下蹲时，保持一条腿在前，另一条腿在后。前脚完全着地，后脚脚跟提起，后膝低于前膝，后腿内侧可靠于前腿内侧，形成前腿高后腿低的姿势。臀部向下，上身微微向前倾，基本靠前腿支撑身体，维持平衡。采用此种蹲姿，女性应双腿并拢，这样在造型上也是较为优美的。男性采用这种蹲姿时，两腿之间可以有适当距离。

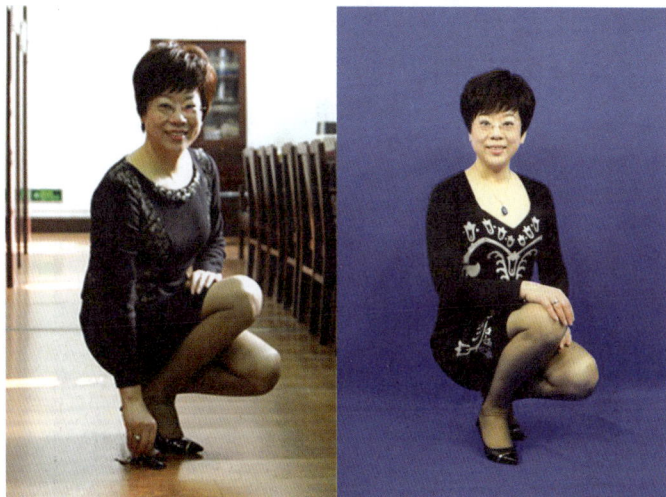

双腿高低式

2. 双腿交叉式

这种蹲姿适合身穿短裙的女性采用。要求在下蹲时，一条腿居前，另一条腿靠后，前腿垂直于地面，脚掌着地，以前腿在上、后腿在下的方式交叉重叠，后腿膝盖从后下方伸向前腿内侧，脚跟抬起，脚尖着地，两腿前后靠紧，合力支撑身体平衡。

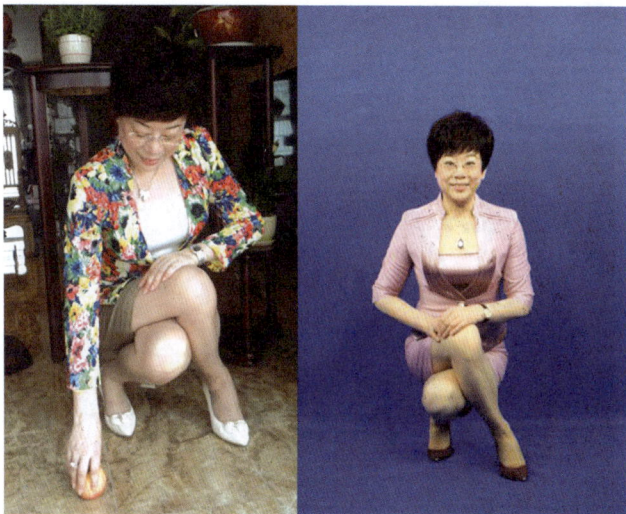

双腿交叉式

3. 双膝半蹲式

这种蹲姿多在行进中采用，即身体半立半蹲，要求在蹲下时，上身稍稍下弯，但不宜与下肢构成直角或钝角，臀部向下，双膝微微弯曲，角度根据实际情况稍作调整，身体的中心应当放在两条腿上，两腿之间不宜过度分开。

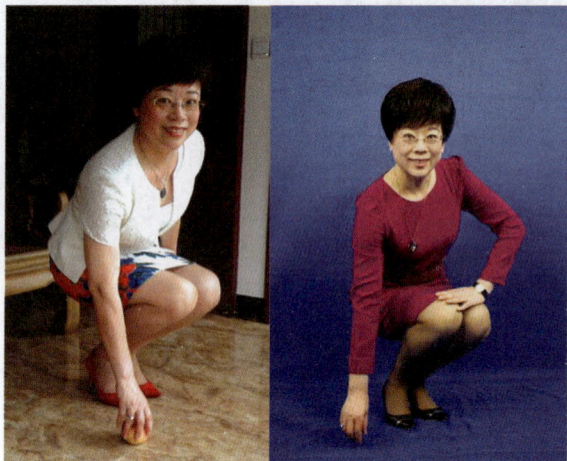

双膝半蹲式

4. 双腿半跪式

这种蹲姿同双膝半蹲式一样，是非正式的蹲姿，多适用于下蹲时间较长的场合，常见于军事训练中。其基本特征是双腿一蹲一跪，要求下蹲以后，改用一条腿单膝着地，以其脚尖点地，而让臀部坐于脚跟上，另一条腿应当全脚着地，小腿垂直于地面。双膝必须同时向外，双腿宜尽力靠拢。

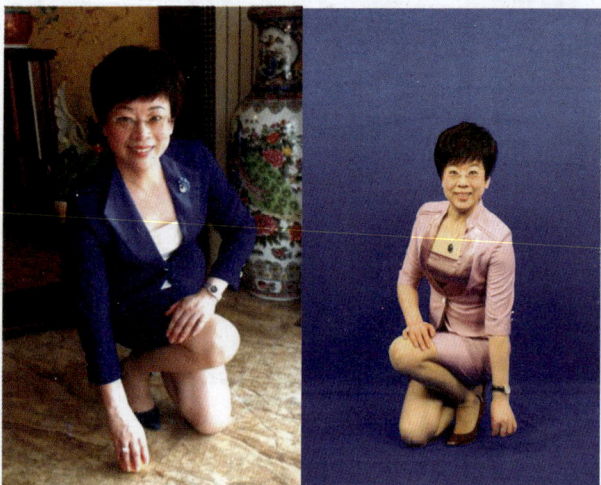

双腿半跪式

男性一般采用双腿高低式，女性一般采用双腿高低式或双腿交叉式。

（二）蹲姿的禁忌

（1）忌毫无遮掩。在大庭广众之下采用蹲姿时，特别是穿裙装的女性，一定要避免下身毫无遮掩的情况，蹲下后两腿一定不能分开，"走光"是一种很不礼貌、没有修养的行为。

（2）忌方位不当。下蹲时，如果身边有其他人，最好与之侧身相向。正面对着他人下蹲，或者背部对着他人下蹲，都是不礼貌的。

（3）忌距人过近。下蹲时，身旁如果有人，应与其保持一定的距离，不可挨得过近。如果几人同时下蹲，更不能距离太近，否则很容易彼此"迎头相撞"。

六、手势

人际交往中，手势的作用非常多，既可以配合有声语言传情达意，也可以单单使用手势表达一些简单的含义。通过手势，还能看出一个人的内心活动。即使同一种手势，在不同的国家，表达的意义也可能不同。了解一些常用的手势，有助于更好地与人沟通交流。

（一）手势的基本要求

（1）简单明快。手势不能过于频繁和复杂，以免使人眼花缭乱。

（2）优雅得体。手势的幅度不能过大或过小，以免显得太随意或太拘谨。

（3）协调自然。做手势时要配合相应的肢体语言或有声语言，不能只做手势，否则显得突兀僵硬。

（二）常用的手势

1. 直臂式手势

这种手势主要用来引领较远的方向。手臂穿过腰间线，但不要高于这根线，身体侧向对方，眼睛看着手指方向处或对方脚前10厘米左右的位置，同时说几句礼貌性的话语，如"您好，请跟我这边来""里面请""您这边请""请您往这边走"等。

直臂式手势

2. 单臂横摆式手势

这种手势多用来指引较近的方向。大臂自然垂直，以肘关节为轴，前臂轻缓地向一边摆出时稍稍弯曲，与腰间成45°角，另一只手下垂或背在身后，同时，面带微笑，使用礼貌敬语，如"请进""请您往这边看"等。

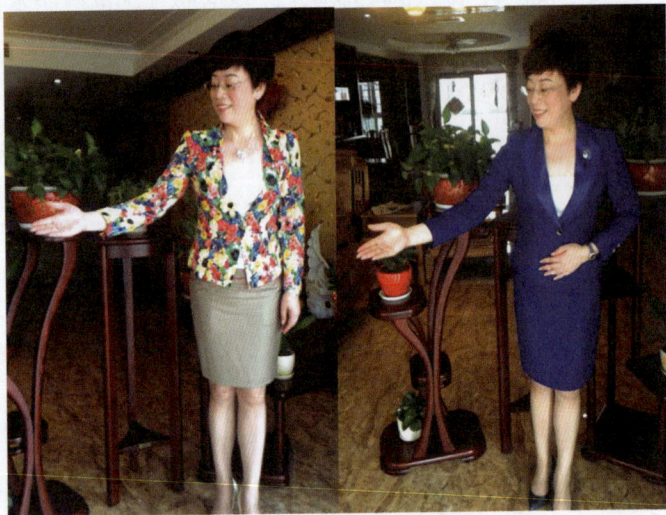

单臂横摆式手势

3. 双臂横摆式手势

这种手势大多用于公务繁忙或宾客较多时。双手从身体两侧经过腹前抬起，两手掌向上，肘关节微曲，向两侧摆出，上身稍前倾，微笑施礼，加上礼貌用语，如"女士们，这边请""大家请看这边"等。

双臂横摆式手势

4. 双臂斜摆式手势

这种手势一般用来引领宾客坐在相应座位上。当座椅在引领者左方时，应左手在前，右手在后，两手掌向上，以肘为轴向座椅方向摆出，双肘微微弯曲，左肘弯曲度略小于右肘，上身微微向前倾，面带微笑说"您请坐"。

双臂斜摆式手势

（三）手势的忌讳

手势运用得好，能增添高雅、不凡的气质；如果运用不当，则会适得其反。所以在运用手势时，要注意以下几个方面：

（1）不要对别人指指点点，不要用手指指人，更不要对人竖中指。

（2）指向自己时，应掌心向内，拍在胸脯上，不可用拇指指自己。

（3）不可当人面做不雅动作，如掏耳朵、搔头皮、擦眼屎、抠鼻孔、剪指甲、挠痒等。

（四）相同手势在不同国家和地区的含义

有些手势在不同的国家和地区有不同的含义，所以在与外宾进行商务活动时，要先了解清楚，否则要慎用，以免造成尴尬或不愉快。

1. 拇指和食指合成一个圈，其余三个指头伸直或略弯曲的手势

在美国、英国等西方国家，这是表示"OK"的手势，即意为"赞同""允许""好"等；在法国表示"零"或"无"；在印度表示"正确"；在中国表示"零"或"三"两个数字；在日本、缅甸、韩国表示"金钱"。

2. 食指和中指向上伸直，拇指压在弯曲的无名指和小拇指上，手掌向外，成 V 字形的手势

这个手势主要用来表示"胜利"，它是英文单词 Victory 的缩写，据说是第二次世界大战期间英国首相丘吉尔发明的。表示胜利的含义时，掌心一定要向外；如果掌心向内，就是贬低、侮辱别人的含义了。在希腊，做这个手势时，如果手臂伸直，也有对人不恭之嫌。

3. 左手或右手握拳，伸出大拇指的手势

在我国，这一手势表示"好""了不起"等，有夸赞、表扬之意；在意大利，伸手数数时表示"一"；在希腊，表示"够了"，如果拇指向下表示"厌恶""坏蛋"；在美国、英国等国，则表示"好""行""不错"等，如果拇指向左或向右伸，则大多表示向司机示意搭车的方向。

4. 左手或右手握拳，伸出食指

大多数国家的这一手势表示数字"一"；在法国表示"请求提问"；在新加坡表示"最重要"；在澳大利亚表示"请再来一杯啤酒"。使用这一手势时不能用食指指别人，这是极不礼貌的行为。

第 三 章

涉外交际礼仪

随着社会经济的发展，在工作和生活中与国际友人交际已经不再新鲜。不管是在工作中接待外宾，还是日常生活中去国外旅游，中国人在接触外国人时，必须遵守相关的国际交往惯例和基本原则。了解掌握基本的交际礼仪，不仅是工作、交友成功的前提，更是展现中国人良好涵养的重要契机。涉外交际礼仪包含会面礼仪、通信网络礼仪、言谈礼仪和拜访礼仪四个部分。

第一节 会面礼仪

💬 案例导入

让中国人尴尬的贴面礼

法国社会党前总统候选人罗雅尔女士访华期间，曾到北京一户普通家庭做客。临别前，女主人送给法国客人一对漂亮的中国结和一些小礼物作纪念。为表示感激，罗雅尔站起身来要和她行法式贴面礼，但这一举动却让女主人不知所措，两人尝试了好几次"贴面"都没有成功。最后罗雅尔与女主人都尴尬不已，把在场的记者笑倒一片。

俗话说，良好的开头是成功的一半，可见会面礼仪有多重要，特别是在与国际友人交往中，初次印象不仅展现着自己的涵养，更代表着外国朋友对中国人的评价。常言道，万事开头难。会面决定了第一印象，如果掌握了基本的技巧，就一定能给对方一个好的印象。会面礼仪主要包括致意礼仪、称呼礼仪、介绍礼仪和名片礼仪。掌握基本的会面礼仪，是涉外交往成功的第一步。

一、致意礼仪

致意礼仪是表达情感的一种方式，除了最为常见的握手礼，还有一些致意礼节是涉外礼仪中常见的，下面将一一介绍。

（一）微笑礼仪

2008 年 8 月 8 日，第 29 届夏季奥林匹克运动会在中国国家体育场隆重开幕。开幕式上，面向全世界征集的 2008 张笑脸在夜空中绽放，这个创意不仅给世界带来巨大的惊喜，也让观众从中感受到主办国释放出的温情和善意。1948 年，世界精神卫生组织将 5 月 8 日确立为唯一的庆祝人类行为表情的节日——世界微笑日。可见，在人们各种各样的表情中，微笑有着最神奇、最有魅力的魔力，也是国际交往，特别是会面礼仪中俘获人心的一个"秘密武器"。

微笑是国际礼仪中唯一一种不分国籍的通用语言。有人把微笑比作全世界通用的"货币"，因为它被世界上所有的人们所接受，是表情中最能给人好感、增加友善和沟通、愉悦心情的表现方式。在世界美术史的殿堂里，名留史册的画家成百上千，传之后世的作品琳琅满目，但是堪称画坛巨人的却屈指可数，具有划时代意义的名作更是凤毛麟角。而在法国罗浮宫里，却陈列着一幅具有永恒魅力的作品，那就是达·芬奇的代表作《蒙娜丽莎》。蒙娜丽莎以其含蓄迷人的微笑，把人类的美升华到了一种光照寰宇的境界。

微笑是交际活动中最富有吸引力、最有价值的面部表情。无论是在办公室、舞场、谈判桌上，还是在周游世界的旅途中，只要你不吝惜微笑，往往就能够左右逢源，顺心如意。中国有句老话叫"一笑泯恩仇"，高度概括了微笑在人际交往中的巨大作用。世界著名的希尔顿酒店的创始人康纳·希尔顿，每当遇到员工时，都要询问这样一句话："你今天对顾客微笑了没有？"他指出："饭店里第一流的设备重要，而第一流服务员的微笑更重要，如果缺少服务员的美好微笑，好比花园里失去了春日的太阳和春风。"他将微笑礼仪的理念上升到公司的品牌文化，并贯彻到公司每名员工的思想和行为中，通过员工的"微笑服务"，创造了"宾至如归"的企业文化氛围，进而辐射到整个行业。

如何训练美的笑容，在本书第二章第二节中已有论述，此处不再赘述。

（二）握手礼

握手礼是在一切社交场合最常使用、适应范围最广的见面致意的方式，它表示亲近、友好、寒暄、祝贺、感谢、慰问、道别等多种含义。通过握手，可以了解一个人的情绪和意向，还可以推断一个人的性格和感情。有时握手比语言传递的信息更丰富，更充满情感。在国际交往中，握手已是最普遍的交际礼节，成为世界各国人民之间见面和告别的主要礼节。

1. 握手的场合

握手的场合可谓多样，如迎接客人到来时，经介绍与人相识时，久别重逢时，偶遇熟人时，拜访告辞时，送别客人时，别人向自己祝贺、赠礼时，拜托别人时，别人帮助自己时都可以用。

2. 握手的姿势

标准的握手方式是：握手时，两人相距约一步，上身稍前倾，各自伸出自己的右手，四指并拢、拇指张开，两人的手掌与地面垂直相握，上下轻摇，稍许用力，眼睛注视对方，微笑致意或简单地用言语致意、寒暄，一般 2~3 秒为宜。

也会有人用双手与人握手，这种姿势是想向对方传递出一种真挚、深厚的友好感情。这种形式的握手有两种情形：第一，主动握手者的右手与对方的右手相握，左手移向对方的右臂，或轻拍对方右肩，这样，他伸出的左手可以向接受者传递出更多的关爱与鼓励；第二，被动握手者伸出双手握住对方的右手，这样，他的双手传递的是一份尊敬与仰慕。

3. 不同文化中的握手

不同文化有不同的发展背景，在历史发展的过程中形成了各自的价值观和行为方式。很多文化中有着特定的握手方式，下面举几个例子。

"jiveshake"，或者叫"黑人式握手"，与美国黑人文化相关，基本姿势是抓住另外一个人的大拇指，靠过去互撞肩膀。这也是美国本土文化中人们打招呼的一种常用方式。

"童子军式握手"是在美国童子军成员中使用的握手方式，他们一般用左手握手。这是由贝登堡勋爵（国际童军运动创始者）创立的传统。据说贝登堡勋爵对于在西非听闻的传说印象深刻。故事说的是，当两个交战中的首领想要谋求和平时，他们面对面，其中一个人把自己的武器和盾都放在地上。他的右手不拿武器，无法攻击；而他的左手没有盾就无法抵御他人的武器。

练击剑的人通常在一个回合结束之后用不拿剑的那只手来握手。

有些文化里有双手握手的习惯。

在西方文化中，握手应当有力。无力的握手被认为是软弱无情的。

在欧洲国家，例如法国和意大利，每次见到某人的时候都要握手。

在一些伊斯兰国家，大力握手被认为是很粗鲁的举动。

在中国，更倾向于轻轻地握手，而且在握手之后要再握一会。

在土耳其，普通的问候是在脸颊上亲吻两次。在某些文化中，握手后会把摊开的手掌放在心口处。

问候不同文化的人，要记住宗教禁忌，比如东正教、犹太教、伊斯兰教都禁止男女之间有身体接触。在这种情况下，跟着别人做通常是一个好办法。

4. 握手时的禁忌

不要用左手同他人相握。当自己右手脏或湿时，应亮出手掌向对方示意或者说明，并表示歉意。握手时不要把另一只手插在口袋里。

不要戴着手套与人握手，但女士穿晚礼服戴镂空的蕾丝边手套时可以与人握手。不要戴着墨镜与人握手，不要隔着人和别人握手。

行握手礼时不要左顾右盼，更不能一边握手，一边跟其他人打招呼。不要简单地只是碰触一下对方的手就分开，这是一种敷衍，也是不礼貌的行为。

不要跨门槛握手，特别是在见面和告辞时。不要坐着与人握手，握手一般是站着相握，除非年老体弱或行动不便，坐着同别人握手是很失礼的。

握手时不要抢握，不要交叉相握，应待别人握完后再伸手相握。交叉相握不仅是一种失礼的行为，有的国家还视交叉握手为凶兆的象征，交叉成"十"，意为十字架，认为这种握手姿势会招来不幸。

（三）拥抱礼

拥抱礼多用于官方会见或者民间宾客迎送等场合，是熟人、朋友之间表达亲密感情的一种礼节。如今，许多国家的涉外迎送礼仪中，多用到拥抱礼。随着对外交往的深入，我们要与外国朋友打交道，了解行拥抱礼的正确姿势和基本原则是十分必要的。

1. 拥抱礼的正确姿势

行拥抱礼的正确姿势为：两人相对而立，各自上身稍稍前倾，右臂偏上，左臂偏下，右手环拥对方左肩部位，左手环拥对方右腰部位，彼此头部及上身向一侧相互拥抱。首先各向对方左侧拥抱，然后各向对方右侧拥抱，最后再一次各向对方左侧拥抱，拥抱一共三个回合。当然，行拥抱礼的紧密程度和关系亲疏、送行类别等有关。如果关系亲密、好久不见、送人远行，那么力度就可以稍微大些；如果纯属是礼节性的拥抱，摆好姿势行好礼节即可。拥抱时应保持微笑。

2. 拥抱礼的注意事项

除了掌握以上拥抱的基本姿势，还有几点需要特别注意：第一，陌生人第一次见面，一般不会使用拥抱礼，除非是特殊的关系；第二，双手抱腰、背后拥抱和绕颈紧拥，是情人之间的举动，若使用不当，多半会陷入尴尬或失礼的境地；第三，拥抱时不能把手放置在对方腰部以下，否则将被视为冒犯。

3. 不同文化中的拥抱礼

拥抱礼的具体表现形式在不同文化中也有差异。在拉美大部分国家，可能会遇到热烈的拥抱，即紧紧拥抱，并在对方肩背上热情地拍打；拥抱同握手一样普遍，见面时拥抱，分手时也拥抱。在欧洲一部分国家，如意大利、希腊、西班牙，人们也行使这种拥抱礼节。商务交往中可能第一次见面多以握手致意，但第二次见面时迎接的礼节很可能是拥抱。在俄罗斯，男性好友见面后先紧紧握手，然后紧紧拥抱。然而，大多数北美人（如美国人），尤其男性对拥抱持否定态度，他们觉得拥抱太过亲密、出乎意料。当然，涉外交往中应十分注意尊重对方的民族传统和风俗习惯。有的国家和地区的人，见面时不喜欢拥抱，除了北美人之外，部分欧洲人及大部分亚洲人，没有见面拥抱的习惯，而是觉得拥抱会令人有些尴尬。

礼仪的精神是为别人着想。当一个外宾拥抱你的时候，接受它是最不失礼的办法，切忌躲避或尖叫。你在向别人行拥抱礼之前，务必了解对方是否有此习俗，并相应做一些准备。

（四）亲吻礼

亲吻是源于古代的一种常见礼节，人们常用此礼节来表达爱情、友情、尊重或者爱护。在西方，亲吻礼是一种传统且盛行的礼仪行为，就好比中国古代的作揖。亲吻礼的正确姿势是：双手扶住对方的手臂，用自己的右脸颊贴住对方的右脸颊，同时亲吻对方（确切地是亲吻对方脸颊旁的空气，嘴唇不要接触对方的皮肤），同时发出亲吻的声音——"啵"，亲吻的次数可以是一次、两次、三次；传统的欧洲大陆式亲吻的顺序是右→左→右，但也有个别欧洲国家省略第一次，直接从左边开始亲吻。

亲吻礼的注意事项主要有两点：第一，两人在行亲吻礼时最好弄清楚当地亲吻的顺序，如果是右→左→右，一定要先伸自己的右脸，切忌正脸对着对方，也不要首先用自己的左脸对着对方，否则会撞脸；第二，不要用自己的嘴唇亲吻对方的皮肤，而是亲吻对方脸颊旁边的空气，否则就失礼了。

亲吻礼还有另外一种"变式"也为大家所常见，即握手贴面亲吻礼。与亲吻礼不同的是，行礼双方的双手不是抱住对方的手臂，而是握手。在握手的同时行贴面、亲吻礼，也就是贴面、亲吻时保持握手的状态。

不握手贴面的亲吻礼是一种介于握手和亲吻礼之间的礼节。这往往是西方异性之间或女性之间见面松开手送别时行的礼节，男士之间非常少见，但也不是没有，意大利和阿富汗的男士与男士之间也行此礼。行此礼时，要大方热情，不必扭扭捏捏，也不要热吻、真吻。

最后需要提醒的是，前面提及的拥抱礼、亲吻礼以及握手贴面亲吻礼，一般陌生人之间是不行此礼的。此外，同一个场合行亲吻礼时要一视同仁，否则得罪他人可就不太好了。

（五）鞠躬礼

与来自日本、韩国等东方国家的外国友人见面时，行鞠躬礼表达致意是常见的礼节仪式。鞠躬礼分为15°，30°，45°和90°四种不同形式，角度越大向对方表达的敬意越深。15°为轻度行礼，适用于同事、熟人早晚见面，以及擦肩而过时轻微示意的礼节，时间为1～2秒；30°为一般行礼，是见到上司、迎送客人、接待长辈时经常使用的礼节，时间为2～3秒。45°为尊敬行礼，强调尊敬之意，用在拜托别人、接待重要客人，以及表达深度感谢和致歉时，时间一般为3～4秒。90°为隆重行礼，是程度最高的鞠躬角度，一般为深度道歉或者致哀时使用，时间为4～5秒。

行鞠躬礼时还要配合呼吸，低头时吐气，起身前要屏住呼吸略微停顿一下，起身时吸气。最后目光要与对方眼神接触，有始有终，如此才完成了一个完整的鞠躬礼。有时鞠躬还需要配合话语，如感谢或者问候的话。

（六）合十礼

合十礼，又称合掌礼。这种礼节通行于东亚和南亚信奉佛教的国家或佛教信徒之间。不要以为合十礼就是简单的双手合十，这中间其实有很多讲究，长幼有序、贵贱有别是行合十礼的基本规则。

行合十礼时，一般是两掌相合，十指伸直，举至胸前，身子略下躬，头微微下低，口念"萨瓦蒂"。"萨瓦蒂"是梵语，原意为如意。施礼者可以面含微笑，也可以同时口颂祝词或问候对方，但切记不可嬉皮笑脸。

遇到不同身份的人，行此礼的姿势也有所不同。年龄大小和社会地位高低决定了泰国社会中行礼的先后次序，即晚辈先向长辈行礼，下级先向上级行礼，平民先向皇室、僧侣行礼，皇室先向僧侣行礼。但是平辈之间谁先行礼呢？答案是平辈或平级之间争着先行礼，因为泰国人认为谁先行礼谁积福。

在行合十礼时，大家要记住"礼多人也怪"，在泰国不要对佣人、劳工、其他地位明显比你低的人（不管他们的年龄比你大多少）或儿童行礼。如果你坚持行礼，会使对方极其尴尬，会想方设法避免与你再打交道。一个在泰国小学教中文的老师刚到泰国时，见到泰国学生就主动行礼，以示友好和亲近。结果，学生们一见这阵势，撒腿就跑。后来，他得知，老师是不能先给学生行礼的，只有学生施礼后老师才可还礼。

二、称呼礼仪

称呼是指在交往活动中，人们彼此之间采用的称谓。在国际交往过程中，与他人打招呼看似是一个简单的动作，但细微之处体现着不同国家与地区的风俗和习惯，因此称呼应当准确、亲切、合乎礼仪规范，还要契合当时的场景。恰当得体的称呼能让对方感到愉悦，有利于加强感情，也能体现出自身的文化素养。

（一）称呼的原则

不同的国家有不同的称呼礼仪，但大可不必因为不知如何称呼外国朋友而挠头，掌握以下几个称呼原则，往往能让你在与他人交往的过程中少犯错误。

1. 记住对方姓名

美国著名人际关系学大师戴尔·卡耐基说过："记住人家的名字，而且很轻易地叫出来，等于给别人一个巧妙而有效的赞美。"可见，在涉外交往过程中，一定要尽全力记住对方的名字以示尊重。在对方发放名片、自我介绍时，一定要保持有效倾听、用心铭记，通过联想记忆、反复记忆等方式，记住对方名字。同时，在初次会面之前，也可以提前做功课，比如在参加会议时提前拿到议程和参会名单，熟悉潜在的交流对象，或者通过中间人提前了解对方的基本信息，但切忌探听过多私人问题，过分八卦只会让人感觉被打扰，是十分不礼貌的。

2. 态度友好庄重

一个人的名字不仅是其个人的代称，更担负着个人的荣誉与价值，因此，在称呼他人时一定要有友好、热情的态度，切忌表里不一、趾高气扬。在称呼他人时，要做到声量适中、吐字清晰，不能含糊不清、忸怩作态，眼神也要到位，要正视他人以示尊重，同时要以真诚的微笑示人，用笑容拉近彼此的距离。

3. 注意使用差异

如同各国习俗各异一样，在不同的国家里，人们姓名的排列方式和称呼方式也往往各不相同。所以外事人员在有必要使用外方人士的姓名时，一定要对其差异有所了解。具体而言，以下两方面须引起注意。

首先，姓名的排列方式有所不同。在我国，一个人的姓名通常都是姓氏居前，名字居后。而在国际上，只有日本、韩国、朝鲜、越南、匈牙利等少数几个国家人的姓名排列方式，与中国人的姓名排列方式相同。在英美等国，人们的姓名一般都是名字居前，姓氏居后。有时在二者之间还存在一个教名。法国人、德国人、意大利人姓名的排列方式，与英美国家的人略同。在亚洲，泰国人的姓名排列方式，也是名前姓后。在俄罗斯，人们的姓名均由三个部分组成，其正常排列顺序为：名字居前，父名居中，姓氏位于最后。所以在国际交往中，一定要按照不同国家、地区的不同习惯弄清姓名的排列方式，一定不能出错。

其次，姓名的称呼方式也存在不同。在称呼外方人士时，有必要区分清楚何时应当称其姓氏，何时应当呼其名字，何时应当采用其全称。采用不同的称呼方式，不仅意味着双方的具体关系有别，而且表现出对对方尊重的程度有所不同。由于世界各国的历史文化不同、风俗习惯各异，姓名的称呼也不尽相同。在国际交往日益频繁的今天，我们必须对其有所了解，并能正确、恰当地称呼对方，以保证社交的效果与成功。

（二）称呼的种类

称呼的种类比较多，大致分为以下几种类型。

1. 王室称呼

君主制国家皇室成员的称呼非常讲究，以下简单介绍一些身份尊贵者的称呼和译法。Majesty 是对帝王和王后的尊称，Your Majesty 用于直接称呼，His/Her Majesty 用于间接称呼。Majesties 用来指国王和王后，女王及其丈夫，王族，王室成员们。Your Highness 译为"殿下"，是对皇亲的尊称，也有 Your Royal/Imperial/Serene Highness。Your Excellency 译为"阁下"，是对大使、总督的尊称，不可作为普通敬语随便乱用。The Honorable 也可译为"阁下"，用来称呼大使、总督外的首相、总理、大臣等身份特殊的人。另外还要特别注意的是，尽管有些贵宾并无前文所提及的特殊身份，但是在中文礼仪祝词中经常将其称为阁下，在译成英文时绝对不能一律翻译成 Your Excellency 或 The Honorable，简单地翻译成 Mr./Miss/Mrs. 即可。

有些国家依然保留了爵位。贵族爵位（peerages）分为公爵（Duke）、侯爵（Marquis 或 Marquess）、伯爵（Earl）、子爵（Viscount）和男爵（Baron）五个等级。对公爵和公爵夫人（Duchess）尊称为 Grace，His/Her Gracez 在间接称呼时使用。侯爵、伯爵、子爵和男爵都可以称为 Lord（勋爵），直接称呼时，都可以称 Your Lordship，间接提及时可用"Lord + 姓"或"Lord + 地名"。对爵士则尊称为 Sir，爵士的夫人也可称 Lady。

2. 称呼职务

在商务社交活动中，以对方的职务相称，以显示其身份，表达自己对对方的尊重，也是一种较为常用的方法。职务称呼包括董事长、总经理等，以及公务系列的称呼，如总统、国家主席等，还有军队系列的军衔等级，如上将、中将、少将等。

3. 称呼职业

称呼职业即直接以被称呼者的职业作为称呼。这种称呼方法常常用于一些特定的职业，如老师、医生、律师、会计等。一般情况下，用此类称呼时均可加上姓氏。

4. 礼仪称呼

称呼外国友人时，在不知道对方身份、地位的情况下，多采用礼仪性称呼。欧美国家常见的礼仪称谓为：男性多称对方为先生（Mr./Sir.），用Mr.来称呼他人时，一般在后面加上姓名或者全名，如Mr. Tony或者Mr. Tony Sacre。Sir的尊敬程度较高，可以不加姓名单独使用，如果在Sir后面加上名，则表示贵族头衔"爵士"，如Sir Charles（查尔斯爵士）。

女士的称呼比男性丰富，有小姐（Miss）、女士（Ms.）、太太（Mrs.）。Miss一般用于指未婚的女士，后面直接加姓或者加全名，比如一个女性名叫Beau Jessup，可以称呼她为Miss Jessup或者Miss Beau Jessup。Mrs.一般指已婚女性，西方女士结婚以后一般会随丈夫的姓，比如Mrs. Smith（史密斯夫人），但是随着社会的发展，当前越来越多女性会选择用自己的婚前姓氏。那么Ms.应该在什么时候使用呢？当你不知道对方是否结婚时，特别是写信或写邮件时，可以用Ms.来代称。

（三）称呼的注意事项

在涉外交往中，称呼对方时还需特别注意两个原则：第一，称呼对方注意区分场合。在不同的场合称呼也应有所不同，一般的场景可以分为商务交往、社会交往与休闲三类，在不同的场合要学会使用不同的称呼。第二，注意区分尊称。在中国，"令堂""令尊"等称呼大家都较为熟悉，同样的，许多国家对于称呼都有严格的区分，因此在称呼他人时，一定要先弄清楚尊称的正确表达方式。

（四）典型国家的称呼差异

对于英国、美国、加拿大、澳大利亚、新西兰、法国、德国、意大利等国人士而言，在十分正式的场合，应称其全称；在一般情况下，可仅称其姓氏。只有在关系极其亲密的人士之间，才会直呼名字。

称呼俄罗斯人，除了在正式场合宜称呼其全称外，在一般情况下可称其姓，也可呼其名。将其本名与父名连用时，表示比较客气；而在向长者表示尊敬时，则只称其父名。

称呼使用西班牙语、葡萄牙语的人士姓名时，正式场合宜用其全称；而在一般情况下，则可使用其简称，即其父姓，或其本名加上父姓。

称呼阿拉伯人时，称呼其全称，往往意味着郑重其事。在一般情况下，称呼阿拉伯人时可省去其祖父名，或将其祖父名与父名一道略去。需要简称阿拉伯人时，通常可以只称呼对方的名字。但是，若对方拥有一定的社会地位，则只宜以其姓氏作为简称。

鉴于缅甸人有名无姓，故在称呼对方时，可在其名字之前冠以某种尊称。如意为"先生"的"吴"、意为"主人"的"德钦"、意为"兄长"的"哥"、意为"弟弟"的"貌"、意为"女士"的"杜"、意为"姐妹"的"玛"、意为"军官"的"波"、意为"老师"的"塞耶"等。

三、介绍礼仪

介绍是人际交往中最常见的礼节之一，它是初次见面的双方了解彼此的基本方式，也是双方交往的起点。通过介绍，交往双方对彼此有了初步的了解，缩短了彼此间的距离，搭建起了沟通的桥梁，有助于建立良好的人际关系。涉外交往中，想要认识新朋友，正确地介绍自己与得体地介绍他人至关重要。

（一）自我介绍

自我介绍是将自己介绍给他人，这是社交活动的第一步，通过自我介绍才能认识更多的朋友。自我介绍的形式主要有以下几种。

（1）应酬式。适用于某些公共场合和一般性的社交场合，这种自我介绍最简洁，通常介绍自己的姓名即可。

（2）工作式。这种介绍常常用在工作场合，要包括本人姓名、所在单位及部门、职务或从事的具体工作。

（3）交流式。交流式的自我介绍大多用在社交场合，表示想与对方进一步沟通与交流，大致应包括自己的姓名、工作、籍贯、学历、兴趣爱好以及与交往对象的关系。

（4）礼仪式。这种自我介绍适用于讲座、报告、演出、庆典、仪式等正规而隆重的场合。包括姓名、单位、职务等，同时还应加入一些适当的谦辞敬语。

（5）问答式。这种自我介绍适用于应试、应聘和公务交往，基本上是有问必答，对方问什么，自己就回答什么。

自我介绍也要讲究一定的艺术，一个好的自我介绍不仅能给对方留下深刻的印象，也能为自己锦上添花。

第一，语言力求简洁。时间掌握在半分钟以内，切忌滔滔不绝，否则很可能令对方厌烦而达不到效果。

第二，态度充满自信。态度上要自然、亲切、友善、落落大方、不卑不亢，不要畏首畏尾、矫揉造作。

第三，眼神要有交流。介绍时要看着对方的眼睛，显得自己很有信心，如果对方有疑问也能从眼神里读出来，适当进行解释。

第四，内容实事求是。既不要信口开河、自吹自擂，也不能妄自菲薄、过分谦虚。

（二）为他人介绍

为他人介绍，又称第三者介绍，是经过第三者，为彼此不认识的双方引见、介绍的一种方法。为他人介绍一般是双向的，即对被介绍双方都要作一番介绍。有时也有单向介绍，即只向一方介绍另一方，前提是后者已经知道了前者的身份，前者不了解后者。

1. 介绍的顺序

介绍他人时，先介绍谁再介绍谁也是一个礼仪问题。根据礼仪规范，应遵循"尊者优先了解情况"的原则。所以为他人介绍的顺序大致有以下几种：

（1）介绍上级与下级认识时，先把下级介绍给上级，再把上级介绍给下级；

（2）介绍长辈与晚辈认识时，先把晚辈介绍给长辈，再把长辈介绍给晚辈；

（3）介绍女士与男士认识时，先把男士介绍给女士，再把女士介绍给男士；

（4）介绍已婚者与未婚者认识时，先把未婚者介绍给已婚者，再把已婚者介绍给未婚者；

（5）介绍同事、朋友与家人认识时，先把家人介绍给同事、朋友，再把同事和朋友介绍给家人；

（6）介绍来宾与主人认识时，先把主人介绍给来宾，再把来宾介绍给主人；

（7）介绍与会先到者与后到者认识时，先把后到者介绍给先到者，再把先到者介绍给后到者。

2. 介绍的方式

根据实际需要不同，为他人介绍的方法也不同，主要有以下几种介绍方法：

（1）一般式。也称为标准式，一般介绍双方的姓名、单位、职务等信息，适用于较为正式的场合。

（2）简单式。只介绍双方姓名，甚至可以只介绍双方的姓氏，这种方法适用于一般的社交场合。如："我来为大家介绍一下，这位是李总，这位是张总，希望大家合作愉快。"

（3）附加式。也称为强调式，用于强调其中一名被介绍者与介绍者之间的特殊关系，用以引起另一名被介绍者的重视。如："这位是××公司的人事经理张先生，这是我的学生，请多多关照。"

（4）引见式。在引见式中，介绍者只需将双方引到一起即可，适用于普通场合。

（5）推荐式。介绍者经过精心准备再将一人推荐给另一人，介绍时通常会对前者的优点作重点介绍，通常适用于比较正式的场合。

（6）礼仪式。这是一种最正规的介绍他人的方法，适用于正式场合。在语气、表达、称呼上都更为规范和谦恭。

当然，礼仪的表现是千变万化的，在不同的文化中，应当了解具体的介绍礼仪，不要一味地生搬硬套。

四、名片礼仪

名片是商务活动中经常用到的，它相当于人的第二张身份证，上面包含了姓名、单位、职务、联系方式等基本信息。名片既是一个人的形象广告，也有助于拓展人际关系，扩大交往，为商务或社交活动带来方便。所以，如何制作、使用名片，如何接受、发送名片，也需要掌握一定的礼仪规范。

（一）名片的制作

制作名片的纸张大多选用耐折、耐磨、美观大方的白卡纸、再生纸、合成纸、布纹纸、麻点纸、香片纸等，也可根据个人喜好，选择较为高贵典雅、纸质挺括的钢骨纸、皮纹纸。名片的颜色一般宜选用庄重朴素的白色、米色、淡蓝色、米黄色、淡灰色，并且一张名片以一色为好。名片如果选用红色、绿色、粉色、紫色等颜色，会让人感觉有失庄重。另外，也不建议在名片上印制人像、漫画、花卉、宠物等，尤其不要印上自己的照片，否则如果别人不保留你的名片而丢弃，会很尴尬。

涉外场合需要用到双语名片，应将这两种文字分别印在名片的两面，而不要将它们交错地印在同一面。

名片最好不要手写自制，也不要以复印、油印、影印的方法，因为这样不够正规。名片上的文字首先要符合规范，否则容易影响交际效果。在规范的前提下，也可以稍稍发挥，体现出自己的风格与特性。其风格与特性主要表现在名片的布局和字体的选择与设计方面。

名片一般分为三类：社交名片、职业名片和商务名片。社交名片上通常只印制姓名、地址、邮政编码、电话号码；职业名片上除了需要印制姓名、地址、邮政编码、电话号码以外，还应印制所在单位、职称、社会兼职等；商务名片正面的内容与职业名片相同，但在其背面通常会印上单位经营的项目等。

（二）名片的递送

名片不是宣传单，遇人就发反而起不到好的效果。名片的功能是使对方了解自己的基本情况，基于这样的目的，向别人递送自己的名片时要掌握好时机与递送的方法。

1. 递送名片的时机

希望认识对方时，先作自我介绍，将自己介绍给对方，适时递上名片，才有可能获得对方的名片。

在与别人寒暄的同时，应将自己的名片递给对方，以示真诚，也便于他人更加了解自己。

对方向自己索要名片时，可将自己的名片递送给对方。

对方提议交换名片时，要主动拿出自己的名片，与对方交换。

初次登门拜访时，为表诚意，要将自己的名片递给对方，同时介绍自己。

2. 递送名片的方法

递送名片时，先要看看名片是不是自己的，千万不要将自己刚收的别人的名片递出去。应起身站立，走上前去，面带微笑，双眼看着对方，将名片正面对着对方，用双手的拇指和食指分别捏住名片上端的两角递给对方。态度要谦虚，同时可简单介绍一下自己，或说"请多多关照""常联系"等社交用语。

递送名片时，应一视同仁，不要厚此薄彼，有多人在场时，应遵循一定的顺序，或由近而远，或由尊到卑，将自己的名片依次递送给对方。

在双方同时交换名片时，应用右手递出自己的名片，左手接对方的名片。

在递送名片前，一定要做足准备工作。如将名片准备好，放在容易取出的地方，需要时快速地用双手递上。

当遇到以下几种情况时，可不必将自己的名片递给对方或与对方交换：

（1）对方是陌生人，并且以后也不需要再交往时；

（2）不想认识对方，不想与对方深交时；

（3）对方对自己不感兴趣时；

（4）双方之间地位、身份、年龄差别悬殊时。

（三）名片的接受

名片是一个人身份与地位的象征，因此在接受他人名片时，态度一定要恭敬。接受名片时，应当停下手中的事务，起身站立，面带微笑，表示十分愿意结识对方。用双手拇指和食指接住名片下方两角，同时表示感谢。

接过名片后，要认真地看看对方名片上的内容，必要时可轻声读出较为重要的内容，这样既表示重视对方，同时也加深印象。如果有不明白的地方，如有不认识或拿不准的字，要当场请教对方，这能让对方感到你是一个非常真诚的人。

接受对方名片时，不能马马虎虎随便扫一眼，然后不经意地塞进口袋，不能随便放在桌子上，洒上水渍或油渍；不能在名片上压东西；更不能离开时把别人的名片遗忘在桌子上。这些都是对人不礼貌的行为。

（四）名片的索取

1. 索取方式

社交场合中最好不主动向他人索要名片，如果需要，可选择一些委婉的方式。

方法一，主动递出。想索要别人的名片时，最省事的办法就是把自己的名片先递给对方。俗话说"来而不往，非礼也"，当你把名片递给对方后，对方不回赠名片是失礼的行为，所以对方一般会回赠名片给你。

方法二，虚心请教。在索取对方名片之前，应稍做铺垫，以便索取名片。比如见到一名礼仪方面的专家时可以说："认识您非常高兴，我对礼仪非常感兴趣，希望以后有机会能够继续向您请教，不知道以后如何向您请教比较方便？"前面的一席话都是铺垫，只有最后一句话才是真正的目的——索取对方名片。

方法三，直接询问。虚心请教一般用于对地位高的人，对平辈、晚辈就不大合适。面对平辈或晚辈时，可以这样说："认识你很高兴，希望以后有机会能跟你保持联络，不知道怎么跟你联络比较方便？"

2. 拒绝索取

当对方向你索要名片，你实在不想给对方，尤其是当女性面对一些男士索要名片不想给予时，是可以拒绝的，但不可太直接。为了照顾对方的面子，可以表达得委婉一点，通常可以这样说："对不起，我忘了带名片""不好意思，我的名片刚才用完了""这样吧，请给我你的名片，以后我跟你联系"。但不可以在同一个交际场合满足一人索要名片的要求，却拒绝另一人的要求，厚此薄彼是社交大忌。

（五）名片的保存

在商务或社交活动中，收到别人的名片，可放进上衣口袋、名片盒或手提包内。回到家或办公室后，应将收到的名片分门别类地整理，加以收藏，便于日后查找和使用。很多人的电话等联系方式都是多年不变的，也许你现在不需要联系他，但若干年后你有需要时还是可以联系到他。

整理存放名片的方法主要有四种：按照姓名的外文字母或者拼音字母

的顺序分类、按照姓名汉字笔画的多少来分类、按照专业或行业来分类、按照国家或地区来分类。

(六) 使用名片的注意事项

(1) 应把名片放在公文包或上衣口袋等容易取出的地方，忌交换名片时当场翻找；

(2) 不要用左手递送名片；

(3) 不要用手指夹着名片给别人；

(4) 不要把别人的名片拿在手里把玩；

(5) 不要在别人的名片上做谈话记录；

(6) 不要在用餐时发名片。

第二节　通信网络礼仪

案例导入

被"放鸽子"的视频通话

小王去日本旅游，约定和父母在每晚8点通过视频聊天。在刚到东京的第一天，他准时打开手机视频，给父母发送视频请求。但是过了许久父母都没有反应。又过了一个小时，父母才回复小王的信息。小王以为父母是有什么事情耽搁了，但是父母说，自己是准时在晚上8点开的视频，刚刚只不过是去公园散步了。马大哈小王这才想起来，日本东京是东九区时间，比国内的北京时间早了一个小时。

通信，是指人们利用电信设备来进行信息传递的活动。通信手段已由最初的书信，发展到了当今社会的电话、电子邮件、即时通讯等。通信礼仪，通常指在利用上述各种通信手段时所应当遵守的礼仪规范。

一、电话礼仪

现代人的生活已完全离不开电话。有人做过这样的调查：询问100个人，出门时必带的3样东西是什么。几乎所有的人都把手机算作其中的一样，甚至有近半数的人把手机放在三样之首。随着移动互联技术的发展、智能手机的普及，移动电话几乎成了每个人的"标配"。所以，电话礼仪也就成了生活中的日常礼仪，它不仅是个人形象的体现，也是组织、集体形象展现的窗口，更是一个人社交能力的反映。

（一）拨打电话礼仪

1. 择时

早上 8 点之前、晚上 10 点以后、中午午休时间不要给别人打电话。有公事尽量打对方的办公电话，如果有紧急的事情确实需要打对方家里的电话，则要在电话中说明，因事情紧急，情非得已，打扰了，请对方谅解。尽量缩短通话时间，理清条理，长话短说。需要提醒的是，在拨打国际电话时，一定要注意时差，算好时间后再拨打电话给别人。

2. 步骤

首先要称呼、问候对方。其次要作简单的自我介绍。如果是公事电话，要说自己的单位、部门、姓名等；如果是私人电话，也要介绍自己，不要想当然地认为对方应该知道你是谁，更不要让对方来猜。再次要说明打电话的目的。最后是道别。道别时要注意挂电话的顺序，位尊者先挂，放下话筒时动作一定要轻缓。

（二）接听电话礼仪

接听电话一定要及时，遵守铃声不过三的原则，即三声之内要迅速接电话。也不能太快，铃声刚响一下就拿起电话，会令对方措手不及，有时也很容易掉线。如果对方要找的人不在，可适当做记录，并及时转告对方。如果需要回复对方，也要注意一定的时效，尽量在 24 小时之内回复对方。

如果正接电话时又有电话进来，则应请正在通话的一方不挂线稍等，待跟后打电话的一方说明情况后再继续通话，应遵循先来后到的原则。

（三）手机使用礼仪

男士不要把手机挂在腰间，可放在公文包里或拿在手上，坐下与人交谈时可放在旁边的茶几或桌上。

女士不要把手机挂在胸前，这样既对身体不好，也显得有些幼稚。

1. 接打电话礼仪

要保持手机畅通，更换号码后要及时告诉别人，不要等别人打你电话时传出来的声音是："您拨打的电话已停机。"

在马路上不要边走边打电话，这会分散你的注意力，也会影响你的视线，极有可能造成交通事故。

在电梯内不要打电话。电梯内是一个小型的公共场所，旁若无人地说话，既是一个噪声源，也会让身边同乘电梯的人感觉不舒服。

在开会或参加重大活动和别人交谈时，最好把手机调到静音或者震动状态，必要时还应关闭手机，这样既显示对别人的尊重，也不会打断别人交谈的思路。手机铃声响个不停，肯定会引起别人的不快。学生上课时最好关闭手机，这既是对老师的尊重，也利于自己集中精力学习知识。

此外，在病房中、飞机上、开车时、加油站内也不要接打电话，否则容易引起事故。

无论在任何场所，接听手机时都不要旁若无人地高声说话。

2. 手机短信礼仪

人们有时喜欢用短信来互致问候。短信是通过手机等移动设备向对方发送文字、图片等符号性信息的交流方式，它确实是一种既省时省力，又可传情达意、联络感情的交流方式，但应注意以下几点。

（1）祝福短信最好是自己编写的。哪怕只是几个字，也是你的心意，可以表达你的诚意。有的人克隆别人的短信，更有甚者完全转发别人的短信，连落款的名字都没去掉，这样的短信发出去只会弄巧成拙。

（2）短信中一定要有称谓和落款。很多人喜欢群发短信，于是省略了前面的称谓，这样是很不礼貌的，尤其对长辈和领导发短信，更要用尊称。最后一定要署上自己的名字，你不能要求每个接收你信息的人都能记住你的电话号码。

（3）不要转发强迫性短信。如："今天是世界姐妹日，你若将这条短信转发给你的十个好姐妹，你将幸运连连；如果不转发或删掉，你会倒霉不顺。"这是极不礼貌、不道德的短信，要坚决抵制！

（4）及时回复来信。"来而不往非礼也"，所以收到别人的短信应及时回复，哪怕只有"谢谢"两个字也表现出你的礼貌，应告诉对方你已收到短信，以表示你的重视。

3. 使用即时通讯软件礼仪

不管是微信、QQ还是Skype，即时通讯软件已经成为当代人沟通交流必不可少的工具。人们沟通交流的方式正在悄然发生改变，那么使用即时通讯软件的规矩也应运而生。

（1）不要影响他人。使用即时通讯软件的人越来越多，许多人在朋友圈里看到好的文字、图片就忍不住要转发给朋友分享，但很少有人仔细阅读这些内容，有些内容并不适合给每个人读。

（2）不要公群私聊。即时通讯软件有组建群聊的功能，能把许多人放在一个讨论组里共同聊天交流，大家可以共同谈论同一个问题或话题，这样可以拉近大家的距离。但不要把群聊当成与群里某一成员的私人聊天场所，这会引起其他人的不悦。

（3）不要谈论敏感话题。言论自由无可厚非，但也应遵循法律的规定和道德准则。即时通讯软件并不是完全放开的交流工具，它也是在监管下运作的，因此，要尽量少谈涉及政治、民族、宗教等方面的敏感话题，避免给自己或他人带来麻烦。

（4）考虑交流场合。曾经有一条新闻，说的是一个刚入职没多久的年轻人，在向领导汇报工作时，发送了好几条长串的语音信息，引起了领导的不满。在实际的工作生活中，即时通信软件可以发送语音、图片、视频，但在与人沟通交流时应考虑对方的阅读习惯和场合，比如汇报工作时，特别是有数据等关键信息时，应尽量使用文字。

二、电子邮件礼仪

电子邮件是通过互联网传递的邮件，即用户之间通过电子邮箱发出或收到的信息。一封完整的电子邮件由标题、称呼和问候、正文和附件、署名和日期等几个因素构成。由于国际交往中常常会受到时差的影响，因此电子邮件成为双方沟通的良好载体。在发送电子邮件时的礼仪如下。

（一）标题

标题是一封邮件的眼睛，它应该起到提纲挈领的作用，通过标题可以看出邮件的主要内容，以方便收件人判断邮件的轻重缓急。所以，邮件标题不能用太大或太空的话，而且，切不可空着标题一栏不填，这是极不礼貌的行为。标题要言简意赅，而且千万不要有错别字。

（二）称呼和问候

邮件的开头一定要有称呼和问候，这个称呼虽然不像普通书信那样正式，但也要能表现出发邮件人的谦虚有礼。如果对方有职务，可以按照职务来称呼，如李经理、王院长；如果对方是特定的职业，也可以按照职业来称呼，如张律师、何医生；如果不清楚如何称呼对方，对女性应称呼女士、小姐，对男性应称呼先生。问候更不能少，英文邮件最简单的开头是写一个"Hi"，中文邮件开头写"你好"；英文邮件的结尾常用"Best Regards,"中文邮件结尾用"祝您顺利"等。

（三）正文和附件

邮件正文要简明扼要，不可长篇大论，最好不要让收信人拖滚动条才能看完。正文应多用短句，不使用过长或晦涩难懂的词和句子。如果正文内容较多，则应该用附件将情况说明清楚。使用附件时，应在正文中对附件做简要说明，同时也是提醒收件人查看附件。附件的命名应简单明了，要能体现附件的主要内容。如果附件过多，最好进行打包，压缩成一个文件后发送。

（四）署名和日期

邮件结尾应有署名，也可以适当加上公司、电话等信息。一般来说，署名的字号应比正文略小一号，在名字的下一行还应注明日期。

使用邮件小贴士：

（1）发送邮件时最好一次把事情说完，不要发完邮件后才想起来还有事情没有说，再发补充说明，这会给人留下办事毛躁的印象；

（2）写完邮件后多检查几遍，看看语句是否通顺、是否有错别字，特别是英文单词，一定要进行拼写检查；

（3）要多使用礼貌用语，如请、谢谢之类的词要经常出现；

（4）不提倡使用自动回复，这有可能被视为无礼，因为它会给人居高临下的感觉。

三、视频通话礼仪

随着移动互联网的发展，通过手机、电脑等实现面对面的视频通话已经屡见不鲜。除了亲友之间的日常沟通、关系维护，在国际面试、谈判、会议、会见中，视频通话也常常被采用。视频通话时，需要注意以下几方面的问题。

（一）时间的选择

视频通话是双方乃至多方的共同选择，因此要事先协商视频的时间。由于涉外的视频通话存在时差，因此在确定视频通话时间时，要互相体谅，并确定好视频通话时长。

（二）设备与环境

试想一下在双方或者多方进行友好会谈时，由于设备原因，或者由于现场嘈杂而中断视频通话该是多么遗憾。因此，在进行视频通话之前，一定要确保视频设备正常运转，挑选较为安静、整洁的视频环境。安静可以理解，为何还要整洁呢？因为在视频的过程中，对方可以通过摄像头看到你身处的环境，如果太过杂乱，会给对方留下不好的印象。

（三）提前理清视频内容

在进行视频通话之前，应该对自己的发言、视频的整体议程提前谋划，特别是对自己的发言有个提纲挈领的准备。另外，涉外视频通话往往会存在语言不通的情况，应提前准备好专业翻译。

（四）注意形象

和上文提及的注意环境一样，在进行视频通话时，一定要注意自身的形象。视频通话呈现的是局部形象，即围绕头、胸的个人形象黄金三角区。此外，在与人通话时要注意管理好自己的表情，切忌眼神游离、精神涣散，不要出现手托下巴、翘脚、揉眼睛等小动作，否则会给人留下不稳重的印象。

四、网络礼仪

网络礼仪也可称网络规则，是保障网络世界正常秩序的基本规范。适当的网络规范是必要的，因为上网的都是有感情有思想的人，尽管你上网时常常是隐身的，但别人仍能从很多细节中感受到你的人品和修养。

（一）真诚友善，宽以待人

网络生活最显著的特点就是虚拟性，可以在未见其人、未闻其声、未知其名的状况下，让五湖四海的人聚在一起进行交流，并且有一定的言论自由，但这并不意味着可以随心所欲、为所欲为。网络世界是虚拟的，但是礼仪是真实存在的。真诚是人际交往的基本准则，这在网络世界同样适用，在网络生活中真诚待人更能体现人格。

在网络上与人交流时，对方若用错字或向你提低级的问题，应克制情绪，给予宽容和理解，选择适当的方式善意提醒或回绝，不要讥笑嘲讽，更不要谩骂，伤人自尊。

（二）互相尊重，慎独自律

不同的网站和论坛有共同约定的规则，也会有各自的特点。与不同文化背景的人交流，应首先熟悉规则，了解情况，尊重他人的习惯和风俗，不能触犯民族和宗教的禁忌，也要充分尊重他人的生活和交往习惯，不做令他人反感的事情。若是网站的建立者或管理者，应用广阔的胸襟和谦虚诚恳的态度对待网友，要维持秩序，树立健康、文明的形象。尊重自己和他人的隐私，不要随意公开他人的真实姓名、地址、电话等个人资料，避免给他人带来伤害和损失。

网络生活的多样性、虚拟性很容易让人误入歧途，在目不暇接、流连忘返之时，很容易落入他人的圈套，跌进陷阱。因此，在畅游虚拟网络世界的同时，一定要保持较强的自律意识，抵挡住诱惑，才不会做出伤人伤己的事情。

（三）用语规范，目的明确

词语是语言中最活跃的要素，是社会生活最直接的反映，而网络又是人气最旺、信息量最大、思想最活跃、观点最复杂、传播速度最快的平台，所以，年网络用语也成了语言中的独特现象，经常引发社会热议。网络用语即多在网络上流行的非正式语言，多为谐音、错别字改成，也有象形字词，以及在论坛上引起流行的经典语录。流行的不一定就是正确的，所以，在网上交流时，应尽量使用合乎规范的语言，自觉捍卫语言文字的纯洁性、科学性，营造规范的用语用字氛围，以免造成交流障碍。

在浏览网络信息时，要有明确的目的，直奔主题，不要漫无目的地闲逛。要明辨是非，尤其不能登录色情或反动的网站。对未经证实、已经过时、来源不明的消息不要传播和发送。

第三节　言谈礼仪

💬 案例导入

一番话机智化解尴尬

在一家涉外宾馆的中餐厅里，正是中午时分，用餐的客人很多，服务小姐忙碌地在餐台间穿梭着。

有一桌的客人中有好几名外宾，其中一名外宾在用完餐后，顺手将自己用过的一双精美的景泰蓝食筷放入了随身携带的皮包里。服务小姐在一旁将此景看在眼里，不动声色地转入后堂，不一会儿，捧着一只绣有精致花朵图案的绸面小匣，走到这名外宾身边说："先生，您好，我们发现您在用餐时，对我国传统的工艺品——景泰蓝食筷——表现出极大的兴趣，简直爱不释手。为了表达我们对您如此欣赏中国工艺品的感谢，餐厅经理决定将您用过的这双景泰蓝食筷赠送给您，这是与之配套的锦盒，请笑纳。"

这名外宾见此状，听此言，自然明白自己刚才的举动已被服务小姐尽收眼底，颇为惭愧。只好解释说，自己多喝了一点，无意间误将食筷放入了包中，感激之余，更执意表示希望能出钱购下这双景泰蓝食筷，作为此行的纪念。餐厅经理也顺水推舟，按最优惠的价格，记入了主人的账上。

服务小姐一番机智的话，既没有让餐厅受损失，也没有令客人难堪，圆满地解决了问题，并收到了良好的交际效果。

言谈不仅是涉外活动中最重要的沟通手段，也是一门艺术。美国著名教育家、演讲家戴尔·卡耐基认为："一个人的成功只有15%归结于他的专业知识，还有85%归于他表达思想、领导他人及唤起他人热情的能力。"言谈是思想的衣裳，在粗俗和优美的措辞中，展现不同的品格。善于言谈的人，可以流利地表达自己的意图，将道理说得很清楚，让人欣然接受。

一、言谈基本要求

（一）使用礼貌用语

与人交谈时，最基本的要求是使用礼貌用语。熟练使用世界上使用频率最高的六种礼貌用语能够在交谈场合受到别人的欢迎和尊重：

"您好"（Hello），是对别人的热情问候，也是美好的祝福。

"请"（Please），是礼貌的象征、谦恭的体现。

"谢谢"（Thank you），表示对他人的感谢、尊重。

"对不起"（Excuse me），对打扰他人表示歉意。

"没关系"（That's all right），是对他人的宽容，也更见涵养。

"再见"（Good bye），是亲切的道别、友谊的延续。

（二）表情亲切自然

谈话的目的是向人传递感情，在言谈中表情对传递感情十分关键。同情还是嘲笑？喜欢还是厌恶？信任还是怀疑？理解还是排斥？这一切都能从表情中找到答案，而无须言语。所以谈话时表情要亲切自然，让人感到一种亲和力。

交谈时眼睛要看着对方。俗话说，眼睛是心灵的窗户，在某种情况下，一个眼神是交流最佳的辅助方法，它能抵得上千言万语。在使用眼神进行交流时，视线的方向、注视的频度和目光接触的时间长短都要适度。长时间盯着人的眼睛看，会让对方不自在，因此，除了关系非常亲近的人之外，一般连续注视对方的时间应在几秒钟以内，否则会引起对方的反感和不安。当下级对上级谈话时，注视对方的时间可适当延长一些，因为这是一种信任和尊重对方的表示。

（三）照顾所有交谈者

同时与很多人一起交谈时，不要只盯着某一两个熟悉的人交流，眼神要照顾到每个倾听者，特别是当别人发表言论的时候，要注意眼神的互动和交流。不要在听到某个话题的时候突然表现出惊讶或夸张的表情，否则会中断别人说话的思路，干扰交流的情绪。对于较为沉默的人，可以说些大家都能聊得开的话题，让其参与进来；或在谈到某个话题的时候，主动询问他人的想法，让在座的人都有发言的机会，这样会显得平易近人，一视同仁。

交谈时要给别人发表意见的机会；别人说话，也应适时发表个人的看法。善于聆听对方谈话，不轻易打断他人的发言。一般不提与谈话内容无关的问题。如对方谈到一些不便谈论的问题，不应对此轻易表态，可转移话题。在相互交谈时，目光应得体，注视对方，以示专心。对方发言时，忌做出伸懒腰、看手表、玩物品、左顾右盼、心不在焉、注视别处等漫不经心的样子或动作。

（四）用带笑的声音说话——微笑着说话

声音中包含着情绪。用带笑的声音说话，即微笑着说话，一定可以让人感受到你愉悦的心情。心情愉悦，声音听起来自然优美动听，正所谓"言为心声"。而且情绪是会感染人的，如果声音低沉，对方也会不自觉地用低沉的声音回应你；如果你的情绪激昂，非常愉快，对方也会高兴地回应你。比如你情绪饱满地大声问对方："哥们，吃了吗?"对方也会大声回答你："嘿，吃了!"

（五）语调平和沉稳

语调是人们感情流露的一个窗口，高兴、失望、信任、怀疑、紧张、悲痛、狂喜等复杂的感情都会在语调的抑扬顿挫、轻重缓急中表现出来，正如一年中有春风和煦、夏日炎炎、秋高气爽、冬雪飞扬一样。语调不但展现一个人的感情世界，也表露了他的社交态度。漫不经心的语调绝不会引起别人感情上的共鸣。因此，交谈时声音的大小、音调的高低、语气的轻重、语速的快慢都要遵循一定的规范。

语速适中才能显得沉稳。语速快，代表干脆、爽快，但也表示不耐烦、激动和紧张，能使对方感觉到表达者的热情积极，也体现了说话者的性格急躁。语速过慢，则给人感觉傲慢、没有诚意或反应迟钝。语速适中，平静中带有活力，有节奏感，对方便能感觉到表达者的自信从容，所以说话速度不要太快或太慢。每个人都要有控制语速的能力，一般情况下，语速应保持在 220~240 字/分钟比较合适。

当然，也不是什么情况下都得用一种不紧不慢的语速。谈论比较愉快的事情时，应该使用明快而爽朗的语调；谈论忧伤的事情时，应该使用低沉缓慢的语调；鼓励对方时，应该使用耐心平和的语调；发牢骚、表示不满时，语调自然会高八度。只有这样轻重抑扬相结合，才便于在言谈中表达丰富多彩的内心世界，抒发真实情感。

通常情况下，音调低沉比嗓门尖锐要悦耳得多，委婉柔和的声调比僵硬的声调更容易打动人，发音缓慢比机关枪式的说话更易于让人接受，抑扬顿挫要比平铺直叙更吸引人。但不管怎样变换说话的口吻，给人的感觉始终应该是平和沉稳的，不疾不徐，才能让人觉得大气从容。

二、谈话内容选择

交谈的内容是关系到交谈是否融洽，甚至决定交谈是否成功的关键因素。选择好交谈内容，谈话时才能有话可讲。交谈内容是进一步交谈的基础，也是深入交谈的前提。对交谈内容的选择，也将集中体现交谈者的个人品位、兴趣、素养和社会阅历。交谈内容的选择应当遵循一定的原则和要求，要清楚哪些话题该说、哪些话题适合在什么场合说、哪些话题该对什么人说。

如果双方提前已约定好交谈的主题，则适当寒暄之后，可很快进入主题。它适用于比较正式的交谈，如商务接洽、问题研究、工作探讨、征求意见等。

在双方没有约定交谈主题的情况下，可随意交谈，但要注意选择那些积极向上、轻松愉快、健康高雅以及双方都较熟悉又感兴趣的话题。

生活中经常会发现这样的人，他们能够很快地融入交际圈，在任何交际场合都有说有笑，与不同性格的人都能够攀谈几句，甚至有一见如故、相见恨晚的感觉，仿佛认识多年的老朋友，既赢得了人缘，也收获了想得到的信息，无形之中便抢得了先机。怎样才能做到选择合适的话题，迅速融入交谈的氛围，拉近彼此的距离呢？

（一）适宜交谈的话题

1. 选择对方感兴趣的话题

和陌生人交谈时，不妨从天气、籍贯、兴趣和衣着等方面着手。问这些问题不容易触及对方敏感之处，远远比将问薪水、职位和年龄作为谈话的开始部分保险可靠。

例如"您是哪里人"或"听口音您像是英国人"等，对方介绍自己来自哪里后，你就可以顺着对方家乡的相关话题再往下聊；如果对方的家乡你去过，就更容易打开话匣子。你也可以说"今天天气真好，如果能爬山，一定很不错。""你喜欢爬山？爬过哪些山呢？""我曾爬过……"顺话找话，绝对能令你找到源源不断的话题，甚至觉得意犹未尽。

2. 寻找彼此共同的话题

当彼此初次见面时，如果有熟悉双方的朋友或亲戚在场，他们总会介绍一下双方，包括介绍双方的姓名、身份、职业、社会关系、个人兴趣爱好、特长等，善交际者就会细心地去挖掘对方和自己的共同之处，找寻共同的话题。即便没有中间人介绍，只要细心观察，也总能发现彼此之间的共性，因为每个人的心理状况、兴趣爱好、信念追求，尤其是年龄特征等，都会或多或少地表现在服饰、谈吐和举止等方面。

在火车站的候车室里，你总能看见几名素未谋面的陌生人有说有笑。走近仔细听，发现他们之间交流的话题大体是"听你的口音，你也是××人""你也喜欢××的书籍或音乐""你也喜欢××品牌的香水呀"。这样的话题能轻而易举地寻找彼此的共同点，并且屡试不爽。说明共性的交谈内容和兴趣爱好特别能抓住人"求同"的心理，一下拉近双方的距离，打开交谈的局面。

3. 寻找对方擅长的话题

与人见面前，最好先了解对方的个人资料，如生活背景、专业特长、家庭状况、从事的职业等，见面后的交谈内容便可围绕对方擅长和关心的话题展开。每个人只要谈到自己擅长的事物，一定会津津乐道，口若悬河。若对方是从事教育工作的，可以谈谈孩子的教育升学问题；若对方是从事传媒工作的，可以谈谈当下火爆的电视节目和主持人；若对方是从事经济方面工作的，可以谈谈股票和物价……这样不仅能让对方乐于交谈下去，而且自己也能从对方的话语中学到很多专业知识，从而丰富自己的内涵。

据说曾经在罗斯福总统手下任职的吉姆·法雷，每当与人初次见面时，总会问及对方的姓名、家庭、职业或政见，并将这些牢记在心中。这样一来，即使过去了很长时间，当再次见面时，他也能清楚地叫出对方的名字，并且询问其家庭的近况，这种方法使他获得了很好的人缘。

此外，还有以下话题也适宜选择。

（1）格调高雅的话题。这类话题能体现个人的品味与素养，如可以谈一谈城市的建设、国家的政策、最近发生的新闻事件以及传统文化等。

（2）轻松愉快的话题。这类话题能使彼此心情愉悦，乐意交谈，如最近看到的电视节目、热映的电影、读过的一本好书、盛大的体育赛事等。

（3）时尚流行的话题。这类话题能体现生活情趣和个人爱好，如现在流行的服饰、手机、歌曲、网络词语、自驾游、健身等。

（二）不宜选择的话题

1. 易起争执的话题

在交谈中，首先应当遵循的原则是不与人发生争执，避免谈论富有争议性的话题。即使对于某个话题你有坚定不移的立场，也最好不要提及，或者选择适当的时间和场合再提。因为争执很容易造成敌对心理，尤其是交谈的双方人数较多的时候，会潜意识地进入竞争状态，唇枪舌剑，互不相让，在这样的情况下，人很难控制自己的情绪，更不用说与人为善了。因此，在交谈过程中，当发现别人的意见与自己不统一或者唱反调的时候，应当考虑换一个话题，以转移对方的注意力。

2. 他人不熟悉的话题

对于他人不熟悉的领域或问题要尽量少谈，不要始终围绕一个高深的话题，大肆发表自己的观点，高谈阔论，喋喋不休，毫不顾及旁人的表情和反应，否则会让人感到厌恶、乏味，觉得你是在卖弄自己的学识、炫耀自己的财富或地位，也会破坏谈话的氛围。

3. 关乎他人隐私的话题

交谈中不涉及他人隐私，尤其是不问收入、不问女士年龄；主动回避敏感问题，如宗教信仰、人权、当事国的内政事务等；谈话的内容不涉及疾病、死亡等不愉快的事情；不谈一些荒诞离奇、耸人听闻、黄色淫秽的事情；对方不愿回答的问题不要追根问底；无意中谈起对方反感的问题或发现对方对自己谈论的话题不感兴趣时，应立即转移话题；不批评、议论长辈或身份高的人员。

4. 过多批评他人的话题

没有一个人愿意听人批评，批评的话语说多了，容易让人产生逆反心理，甚至会引起仇恨和抱怨。因此要尽可能地赞美别人的工作能力和态度，比如"你的口才真不错！""你太客气了，招待得太周到了！""您戴的这条项链真漂亮！"等，少说诸如"你怎么这么不会说话！""你太不会办事了！""你太不懂得尊重人了！"之类的话，即使觉得这些都是事实，也可采取另一种表达方式，如"你的出发点是好的，但如果这么表达，我觉得意思会更明确"，这样，更能够让人接受，彼此的心情才会愉悦，也才会有继续交谈的可能。

总之，言谈中要尽量注意六不谈：不非议党和政府，不涉及国家秘密与行业秘密，不非议交往对象，不背后议论他人，不涉及格调不高之事，不涉及个人隐私。

第四节　拜访礼仪

🗨 案例导入

抢着洗碗却遭"抱怨"的客人

几年前，一个中国的博士到德国汉诺威进修，住在德国人家里。为感谢房东的热情关照，饭后她总抢着去洗碗，没想到房东却很不高兴："这样洗碗，全汉诺威的水都会被你一人用光了！"原来，中国人洗碗的时候喜欢开着水龙头冲，这与德国人的习惯不同。

涉外交往时常有拜访的要求。拜访是亲自或派人到朋友家或与业务有关系的单位拜见访问某人的活动。通过拜访，人们可以互相交流信息，统一意见，发展友情。不管是商务往来的事务拜访，还是出于礼貌的礼节性拜访，抑或是去外国友人家中的私人拜访，无不体现着一个人甚至一个单位的修养，拜访人都应遵守一定的礼仪规范。

一、拜访前的礼仪

无论哪种拜访，都要提前与被拜访者联系，这是拜访前最基本的礼仪和礼貌。在预约方式的选择上，可以选择电话预约、短信预约、邮件预约，也可以选择当面预约。

当用电话预约时，首先要简单地做一下自我介绍，避免对方听了半天还不知道你是谁。接着说明自己的目的，提出拜访的内容，与对方商量拜访的时间和地点。要留下自己的联系方式，万一对方临时有事，需要取消拜访时可以与你联系。

（一）拜访时间的选择

拜访的时间应该由双方商量来定，如果没有明确说明，拜访者在选择拜访时间上要以不妨碍对方为原则。如果是到对方家里去，一定要避开吃饭的时间、午饭后的休息时间和晚上休息的时间。一般情况下，选择在下午三四点钟或晚上七八点钟拜访是比较合适的。

如果是事务性拜访，需要到对方的工作场所去，也应尽量避开星期一和工作日上下班的时间。星期一大多数公司都要开例会，上下班时间会比较匆忙，没有心思接受拜访。

不能只在有求于人的时候才想到拜访，临时抱佛脚，往往难以达到拜访的目的。

（二）拜访地点的确定

（1）办公地点。即到对方的工作场所去，如办公室等，一般用于事务性拜访。

（2）私人住宅。即到对方家里去，常常用于私人拜访或礼节性拜访。如过年时，到领导同事、亲朋好友家里拜访。

（3）休闲场所。即双方约定到一些比较适合谈话、见面的场所，比如咖啡厅、茶馆等。这种场所适用范围比较广，既可以是私人拜访，也可以是事务性拜访。

（三）拜访主题的明确

去拜访之前，要想好拜访的主题和目的。见面时稍作寒暄后应尽快谈起拜访的内容和目的，这样既可以提高效率，节约时间，也可以避免拜访时东拉西扯、语无伦次，或无话可说、冷场尴尬。

二、拜访中的礼仪

（一）遵时守信

预约好后就要守时，既不能随意更改时间，也不能迟到或太早到，准时到达最好。如果怕路上堵车，路况不好，最好提前出发。尽量不要太早到，太早到会让对方措手不及。如果早到了，可先在外面稍做准备，待约定时间快到时，再敲门。

（二）登门有礼

敲门时力度应适中，声音太小，对方可能听不见；声音太大，又显得太粗鲁。先敲三下，如果没有回应，则稍等一小会儿再敲。千万不要用脚踢、用拳捶或用手掌乱拍一气。如果可以使用门铃，恰当的做法是，轻轻地按一下，隔一会儿再按一下，不要手不停歇地按个不停。如果门是虚掩的，也应敲门，告诉对方"有客人来了"，而不是推门就进。

要重视仪表仪容，穿戴要整洁大方，这既是对对方的尊重与重视，也是注重自身形象的表现。

如果是到对方家里拜访，进门后要换鞋，把自己的包或礼物放在主人指定的地方，然后向主人问候。不要忘了与其家人打招呼问候，特别是家里有长辈的时候。

为了不失礼仪，在拜访外国友人之前，要随身携带一些备用的物品。

主要是纸巾、擦鞋器、袜子与爽口液等，简称为"涉外拜访四必备"。进入房间后，一般要脱掉帽子、外套，摘掉墨镜、手套。

（三）举止文明

主人没有邀请你坐下之前，不要擅自坐下。落座时要稳重，注意坐姿，不要显得过于随便或东倒西歪。主人递茶水时，要微微起身，双手接过，并表示感谢。

不要轻易翻动主人的东西。没有主人的邀请，不要主动到别的房间参观。如果是第一次拜访或者主人家里刚刚装修过，则要表示夸赞，这也是打开话题的好方法。

三、邀请外宾来家中做客的礼仪

随着国际文化交流的日益频繁，我们邀请外国友人来家中做客的频率也越来越高。那么作为主人，如果当外国友人来家中做客时，需要注意什么呢？

当外宾应邀来家里时，要为对方提供准确的地址。当外宾到达时，主人要起身迎接。见到来宾时不要直呼其名，可以根据对方的年龄，称呼对方为先生、女士等。主人要主动热情地向外宾介绍家人。

一般来说，外宾来家里做客一般会随身携带小礼物，主人在此刻不要过分推辞，应大方收下礼物并表示赞美和感谢。

待外宾落座后，要为其送上茶水，注意要双手奉茶，一般来说可以遵循"女士优先、长者优先"的原则。

在与来宾交谈时，应当回避隐私问题，可以和对方聊一聊本地的风土人情、美食美景、家中的装修风格等。

待外宾准备离开时，主人可以送上富有本地特色的小礼物。送别客人时，主人要将外宾送出门外一段距离。需要注意的是，接待客人时，主人要衣着得体、整洁，避免身着家居服待客。

第 四 章

涉外工作礼仪

　　不管是从事外贸工作还是从事其他工作，随着全球化进程的加快，人们在工作场合与外国人打交道越来越常见，但由于不熟悉国外的礼仪规范，经常发生工作延误的事。本章将重点讲解涉外工作礼仪，从邀约礼仪、礼宾礼仪、会谈礼仪三个方面出发，特别是礼宾礼仪中，详细讲述了会见、排序、迎送、签字、赠礼等商务交往中常常会遇到的情况。

第一节　邀约礼仪

📑 案例导入

收到请柬赴约却遭遇尴尬

留学生小张接到了来自同学的请柬，邀请其去家中做客。收到请柬后的小张十分高兴，对对方的热情表示感谢。然而在真正赴约这天，小张到达同学家以后却显得十分尴尬。原来，小张没有明确回复对方是否赴约，导致同学一家对突然造访的客人有些措手不及。

在涉外交往中，常常会因为实际工作的需要，对交往对象发出邀请，约请对方出席某项活动或前来做客，这类性质的活动称为邀约。邀约实质上是一种双向的约定行为，无论是邀请者还是被邀请者，都必须把邀约当作正规的交往活动来看待。对邀请者来说，发出邀请就是发出一种礼仪性的规范通知，不仅要合乎礼节，取得被邀约者的及时回应，还必须使交往活动符合双方的身份和目前的关系。对被邀请者而言，受邀是一件很荣幸的事情，但到底是接受邀约还是拒绝邀约，都要注重礼仪规范，在不伤害邀请者自尊的前提下或直接或间接说明原因。

一、邀请礼仪

一般情况下，邀请分为正式和非正式两种。

（一）正式的邀请

它适用于正式的涉外交往，这种邀请既要讲究礼仪，又要设法提醒被邀请者准时赴约，因此多采用书面的形式。具体有请柬邀请、书信邀请、传真邀请、便条邀请等形式。

其中最常用、档次最高的是请柬邀请。请柬一般由正文和封套两部分组成，在格式和行文上都有一定的规矩。请柬也属于书信，但与一般书信有所区别。书信一般是双方不方便或不适宜直接交谈而采用的交际方式，但请柬不同，即使就在同一办公室、同一栋楼，如果发送请柬，是表示对客人的尊敬，也表明邀请者对此活动的心意和郑重的态度。请柬既可以购买印刷品，也可以自行制作。

其次，较为方便的应该是便条邀请，即将约定的时间、地点都写在便条纸上，交留或请人带给被邀请者。因为这种方式简便、随意，因此往往会让被邀请者感到亲切、自然。

采用书面邀请的方式时，为了能确切掌握被邀请者能否赴约，可在后面注明"盼复"，并附上自己的联系方式和地址，对不熟悉地址的人可以说明乘车路线。

（二）非正式的邀请

它适用于涉外非正式的接洽场合，多用于较为熟悉的人之间，通常采用当面口头邀请、电话邀请或托人邀请等形式，这些邀请方式显得随意些。

无论是何种方式的邀请，都应提前一段时间送达被邀请者，以便被邀请者提早做准备。

二、答复礼仪

在涉外交往中，接到来自任何单位或个人的邀请，不论能不能接受对方的邀请，均要按照礼仪的规范，给予明确的答复，对邀请者待之以礼。所有的回函，不管是接收函还是拒绝函，应在接到书面邀请之后三日内进行答复，而且答复得越早越好，说明受邀方对邀约方的重视。

回函的内容也是十分考究的。在回函的行文措辞上，应当表示对邀请者的尊重和友好，对能否接受邀约这一关键性的问题，要做出明确的答复，切勿避重就轻，让人感觉模棱两可，产生误会。如果是拒绝，则要说明理由，言辞委婉即可。

第二节　礼宾礼仪

💬 案例导入

你怎么知道我收藏茶杯？

卡拉·麦斯是一位个人形象设计领域的大师。一次，她受邀来中国进行学术交流。授课的最后一天有一个小型的赠礼仪式，在课堂上，主办方向卡拉女士赠送了一份礼物，卡拉女士小心翼翼地拆开包装，见到礼物的一瞬间她脸上露出灿烂的微笑并欢呼着叫了起来："你们怎么知道我收藏茶杯？"主办方送给卡拉女士的礼物是一件中国生产的带杯托的"英式下午茶"瓷杯，图案是绚丽的鎏金花朵，既有中国特色又有英式风韵。最精妙的是主办方事先得知卡拉女士收藏茶杯，便投其所好准备了这样一份贴心的礼物。小小礼物并不贵重，但用心准备的茶杯传递的是主办方对卡拉女士的重视与祝福。在学员们的掌声中，眼角湿润的卡拉女士既兴奋又激动地收下了这份传递友谊的礼物。

在涉外交际场合，礼宾活动一直都是政治性较强而又敏感的事务，它既体现对不同参与者的身份、地位、年龄的重视，也体现对所有参与者平等相待的态度。如果安排不当或不符合国际惯例，则会引起不必要的误会，甚至会影响两国之间的关系。礼宾礼仪，看似小事，可一旦出现问题，就是大事，正所谓"外事无小事"。因此，要对礼宾礼仪给予高度重视。

礼宾活动包括会见、排序、迎送、签字、赠礼等几个方面，下面逐一介绍这些涉外公务活动中应当注意的礼仪规范。

一、会见礼仪

会见是涉外工作中常见的形式之一，国际上又称之为拜会。凡身份较高者会见身份较低者，或主人会见宾客，称为接见。相反，身份较低者会见身份较高者，客人会见主人，则称为拜见。接见和拜见的回访，称为回拜。

会见又分为两种：一种是礼节性会见，一种是专门性会见。专门性会见简而言之就是约见，即事先约定在某时、某地会见。会见大多是双方，也有可能是多方会见。下面就从会见的流程出发，介绍一下会见礼仪。

（一）会见前的礼仪

要去会见之前一定要提前告知会见人的姓名、职位，会见的时间、缘由等信息。接到对方的会见请求时，应当及时回复对方，故意不回复或者敷衍了事是极其不礼貌的行为。如果确是因为某些缘故不能见面，应当向对方说明并表示歉意。

如果接到对方的会面请求，可将会面的时间、地点、出席的人员等告诉对方，提出要求的一方也应提供其出席人员的名单。双方的人数和身份应相当。礼节性的会面时间以半个小时为宜。

会见的地点一般选择在办公室或会客室。主人应当在门口或者楼下迎接客人，或者在会议室等待客人。要有工作人员引导客人进入会客室，在行至楼梯或者走廊拐角时，引导人员应当回头提醒来客。

（二）会见中的礼仪

会见开始后，应当关闭房门，不允许他人随意进出。会见双方按照身份职务的高低、宾主之别分边而坐，主宾坐在主人右侧，其他人按照身份高低分别在主人和主宾一侧就坐，如果有翻译陪同，则应安排在主人和主宾的后方。某些国家元首会见还有独特的礼仪程序，如双方进行简短致辞、赠礼、合影等。

会见中可能用到的握手礼仪、介绍礼仪等均已经在前文介绍，此处不再赘述。

二、排序礼仪

会见时，多半会涉及礼宾次序，即在国家交往中对出席活动的国家、团体和各国人士的位次按照特定的规则和惯例进行排列的先后顺序，这体现着东道主对各国宾客所特有的礼遇态度，表示各国主权平等的地位。如果礼宾次序安排不当或不符合国际惯例，将会招致其他各国的不满，引起不必要的争执和交涉，甚至会影响两国之间的友好关系。常见的礼宾次序有以下几种。

（一）身份关系不对等时的排序礼仪

当参与者的身份关系不对等时，应该按照地位和职务的高低、年龄长幼、实力强弱进行排序，其基本原则是：上级在先，下级在后；身份高者在先，低者在后；职位高者在先，低者在后；长辈在先，晚辈在后；实力强者在先，弱者在后；女士在先，男士在后。如按照国家元首、副元首、政府总理、副总理、部长、副部长等排序，各国提供参会的正式名单和通知也必须以此为依据。由于各国的国家体制不同，部门之间的职务高低也不尽相同，因此，要根据各国的规定，按照同等的级别和官职进行安排。

在排位置时，应按照前后排关系排列，在主席台上，前排为高、为尊、为强，后排次之；在同一排时，中间为高、为尊、为强，两边次之；在观众席上，也是前排为高、为尊、为强；同时居中时，按照右边为高、为尊、为强的原则进行排序。

当两人并行时，以右为尊，左为次；两人前后行进时，以前为尊，后为次；多人并行时，以中间为尊，两侧依次排序；在上楼梯或者乘坐电梯时，以前者为尊，后者次之。

（二）身份关系对等时的排序礼仪

当参与者的关系对等时，可采取两种方法进行排序。

1. 按照字母顺序进行排序

在多边活动中，按照国际惯例，国家都是按照 26 个拉丁字母顺序进行排序，如国际会议、奥运会等的悬挂国旗和座位安排。有时为了避免一些国家总是占据前排席位，会采用抽签的办法决定席位的前后，这样就让各个国家都有机会排列在前。

2. 按照代表团组成日期的先后顺序进行排序

在由多个国家参加的国际活动中，应采用按照代表团组成的日期先后进行排序的方式安排位次。具体包括以下三种情况：

（1）按照派遣国通知东道主代表团组成的日期先后顺序排序；

（2）按照派遣国决定应邀派遣代表团参加活动的答复时间的先后顺序排序；

（3）按照各国代表团抵达活动地点的时间先后顺序排序。

不管采用何种排序方法，东道主都必须在各国的邀请书上进行解释说明。实际工作中，遇到的情况往往会比较复杂，礼宾次序不能按照一种方法进行排列，要多种方法交叉并用，要综合考虑国家之间的关系、活动性质和内容、对活动的贡献大小，以及国际社会威望和资历等。

三、迎送礼仪

迎送礼仪，主要包括因国事访问等公务活动而安排的迎接和送别礼仪。迎送的对象，按照其访问性质的不同分为专程前往和顺道路过，按照其国别不同分为国内工作和涉外工作迎送，按照其来访人员级别不同分为领导人和普通工作人员。

（一）迎送的规格

来宾迎送规格的确定，通常是根据来访者的身份、访问性质和目的，以及两国关系和国际惯例。规格确定以后就可以决定由哪级人员负责迎接，组织安排哪一种礼遇规格，按照何种接待要求迎送。迎送的代表方和来访者身份不能相差太大，宜以对口或对等为最佳，以表示对客人的尊重。如果来宾只是过境访问，则规格可适当降低。在特殊情况下，为了两国的外交关系和政治需要，被访者可安排较大的迎送仪式，给予较高的礼遇，但要避免产生误会，以免造成厚此薄彼的印象。

总之，迎送的规格要遵循礼貌、实际对等的原则，既不可过分渲染夸张，又要充分表示尊重和友善。

（二）迎送的程序

迎送的程序也是迎送过程中的核心部分。一般而言，迎送的程序包括时间安排、人员安排、献花仪式、相互介绍、陪同访问等五个方面。

1. 时间安排

为了顺利迎接客人，通常会提前同客人联系，准确获悉客人所搭乘的交通工具的抵达时间，预计从迎接地点送至目的地的时间。如有变化，应及时通知相关迎送人员，避免出现让客人等候的情形。

2. 人员安排

安排有关迎送人员应先取得主要迎送人的同意，并让他们互相知晓有多少人参加此次迎送。同时，还要确定各迎送人的身份和正式官衔，以备主迎送人介绍，防止出现差错。按照身份对等的原则安排接待人员，对较重要的客人，应安排身份相当的人出面迎送。也可根据特殊需要或关系亲疏程度，安排比客人身份高的人破格接待。对于一般客人，可由公关部门安排有礼貌、言谈流利的人员接待。

3. 献花仪式

站在来宾的角度，在迎送仪式上安排献花，会感觉受到重视和尊重，这也是国家交往中较为重要的仪式。献花时一般由儿童或者女青年双手捧送，选择在主人与客人握手之后。献花必须用成束的鲜花，而且要保持整洁、鲜艳。不能用假花，不能用菊花、杜鹃花或黄色花系，可以选择兰花、玫瑰花等名贵花种。

4. 相互介绍

客人与迎送人员会面后，先由主迎送人将迎送人员介绍给来访宾客，然后由来宾的主介绍人依次介绍来访人员。

被介绍的人当介绍到自己的时候，应主动微笑并点头致意，还可以说声"您好"或"Hello"等问候语，眼睛应该注视对方，切勿面无表情、左顾右盼。有时也可递送名片，涉外工作人员使用的名片最好能使用两种语言印刷，这样可以方便对方通过其熟悉的文字了解你的情况，也方便今后更加快捷地找寻你的信息，有助于关系的发展和友谊的加深。

5. 陪同访问

不论何种规格的迎接，都应该安排陪同，有的安排主人陪同，有的安排其他熟悉路况的人员陪同。如果是主人陪车，应该先请客人从右后门上车，然后自己从另一侧上车，在车内应当坐在客人的左侧。翻译人员坐在加座上，也可以坐在司机旁。如果客人已自行坐下，就不要让他更换座位了。

在迎送过程中，所有的程序都应该事先妥善安排，切忌临阵调遣或更换，否则容易给人仓促之感。客人的住处和膳食要事先准备好，在客人抵达之前将住房地点、房号房卡、用膳地点、日程安排、联系方式、联络人等内容做成文字材料分发给客人或者其联络秘书，使客人心中有数，主动配合。另外，客人刚抵达目的地时，不宜安排太多活动，应先让客人休息，避免客人因舟车劳顿得不到休整而对主人的安排产生反感情绪。

四、签字礼仪

签字仪式是指会谈双方就某一问题或某一类问题已达成共识，最终形成文件后而举行的一种较为隆重、正式的确认仪式。因此签字双方需要事先做好充分准备，在签字过程中严格遵守礼仪规范。

（一）筹备阶段

1. 准备待签文本

举行签字仪式所用的文本一旦经双方认可签字之后，就具有法律效力，因此，对待签字文本的准备一定要慎重并符合要求。

（1）文本定稿。

定稿是指通过谈判双方共同讨论或磋商确定正式文件的文本内容。按照商界惯例，尤其是涉外谈判，由举行签字仪式的主方与有关各方指定的专人共同负责对待签文本的不同文字内容及具体表述进行磋商，最终达成共识。

（2）文字翻译。

签约双方如使用不同的语言，则待签文本应当使用两种文字表述，按照主权平等的原则，两种文字的文本具有同等法律效力。

（3）文本校印。

文本排版印出后，必须经过严格的校对程序，要核对谈判协议条款与文本的一致性，还要核对各种批件、证明是否齐备，是否与合同相符等，确保正确无误、手续齐全之后，才能交付印刷、装订。

（4）准备正、副本。

待签文本分正本和副本。正本是正式签字的文本，签字后由各方各自保存，双方签字的正本各自均有一本，副本则根据双方的实际需要协商确定，也可对条款汇总加以说明。

（5）盖章。

为保证文本在签字后立即生效，一般在举行签字仪式前，应先在文本上盖上双方的公章，文本一经签字便立即具有法律效力。

2. 参加仪式人员

举行签字仪式前，合作双方应事先确定好参加签字仪式的出席代表，并告知对方，尤其是客方，要将出席签字仪式的名单提前通报给主方，以便主方做好相应安排。双方主签人的身份应大体相当。参加签字的各方，可事先安排一名熟悉仪式程序的助签人，在签字时给待签文本翻页，并指明签字处。其他出席签字仪式的陪同人员包括保证人、协调人、律师和公证机关的公证人员。主客人数宜相同。为表现对该仪式的重视，还可邀请更高层的领导人和有关人员出席见证签字仪式。

3. 布置签字现场

（1）签字桌椅。

布置签字现场时，一般在签字厅内设一长方桌作为签字桌，桌面覆盖深色的台呢布。合作双方主签人的座位应以面门的方向为准，按照主左客右的惯例摆放。

（2）国旗或标识。

涉外签字仪式，签字桌上要分别放置各自的国旗，放置的方式可以是交叉插在签字桌中央位置的旗架上或分别插于签字桌两端，也可以是悬挂在双方背面的墙上。举行多边签字仪式，则将各方国旗竖立于各自座位前的桌上。如果签字双方是企业，则应悬挂各自企业的标识或企业的全称。

（3）签字文具。

签字仪式上用的文具包括钢笔、墨水、吸墨纸，这些文具都要事先准备好，连同待签文本一起整齐地摆放在签字台上。

（4）致辞台。

如果安排领导或代表在签字并交换文本之后致辞，则应将致辞台安排在签字桌的右侧，并调试好话筒等音响设备。

（二）签字流程

1. 双方就座

参加签字仪式的双方人员进入签字厅后，在工作人员的引导下，按照面门为准、主左客右的原则入座。助签人站在主签人的外侧，其他出席人员按照职位、身份高低从中间往两侧就座。

2. 正式签字

签字应按照国际惯例，遵守"轮换制"，主签人先签署己方的合同文本，签在左边首位处，这样双方都有机会在首位签字，以显示双方平等。然后站在主签人外侧的助签人相互交换文本，并指明对方签字处，请双方签字人逐一签字。

3. 握手致意

签字完毕后，由双方主签人起立相互交换正式已签文本，然后握手致意，双方握手时间可比平时见面时的握手时间长，并可稍侧身朝向桌面，以便拍照留念，其他陪同人员鼓掌祝贺。仪式到此应该是整个流程中最热烈的阶段。随后，由礼宾人员端上香槟酒，出席仪式的人员举杯庆祝。

4. 致辞退场

合作双方的领导或代表先后致辞，通常按照先主后客的原则。如果是多边签字仪式，则按照签字顺序致辞。完毕后，双方最高领导人先退场，然后请客方其他陪同人员退场，主办方的陪同人员最后退场。

五、赠礼礼仪

在涉外活动中，为表示友善、促进友谊、赢得更多公众的支持和了解，组织方常常会向对方代表团馈赠礼物。馈赠和接受礼品，对双方来说，都是件愉快的事情。可是，由于地域不同、文化差异以及宗教等因素的影响，涉外赠礼活动常常会触及一些敏感的礼节问题，所以，涉外赠礼要非常慎重。

（一）礼品的挑选

涉外交往中，送礼其实也讲究"礼轻情意重"，在许多国家都不时兴赠送贵重的礼物，应本着"交浅礼薄，谊深礼重"的一般礼俗选择礼物。

选择礼品要认真、心诚，心存敬重之情，能够体现自己所倾注的时间、才智和精力。

选择礼品要考虑受礼者的情趣、爱好、年龄、环境等因素，还要考虑一定的民俗禁忌。为外宾送礼时最好体现民族性，选择具有民族特色的礼品，如茶叶、旗袍、织锦等。

送礼时还要顾及受礼人的爱好以及当地的习俗和忌讳。如穆斯林禁酒、猪肉及猪肉制品，甚至禁止谈论同猪有关的话题。印度、尼泊尔等国信仰印度教的人士，视牛为神，与牛有关的食品、制品，包括牛肉干、牛皮带、牛皮鞋等，都在禁食、禁用之列。所以向这些国家的人士赠送礼品，一定不能违犯有关禁忌。

在欧洲，礼物过重会被认为有贿赂的嫌疑，受礼方往往会很警惕。而俄罗斯人忌讳把礼物送到办公室或会议室里。

美国送礼则注重实际，讲究礼品的精美包装，即使不太贵重的巧克力，有时也会包装得里三层外三层。

英国人讲究外表，所送的礼品花费不多。合适的送礼时机，一般是晚餐后或看完戏之后。英国人普遍不喜欢有公司标记的礼品。我国民间的工艺美术品，如风筝、二胡、剪纸、笛子、筷子、图章、脸谱、书画、茶叶等，他们会很喜欢。

巴西、秘鲁忌讳刀剑之类的礼品，有断绝来往之嫌，与中国的"一刀两断"意思差不多。

需要提醒的是，现金、有价证券、贵重首饰、药品、营养品、广告商品、涉及国家机密或者商业机密的物品均不适合用作赠礼。不道德的赠礼也是明令禁止的。

（二）馈赠的方式

在涉外交往中向外宾赠送礼物，要注意以下方式。

1. 礼品的包装

一份好的礼品如果没有精美的包装作用会大打折扣，不仅降低了礼品的内在价值，也很难起到寄托情谊的作用。精美的包装不仅使礼品看起来更高雅，更显档次，也能体现出赠礼人的文化水平和艺术品位，更使礼物显得神秘。所以，一个好的礼品包装，既有利于交往，又能引起受礼人的兴趣。探究礼物的好奇心理，会令双方都觉得愉快。当然，内容与形式也要统一，包装的费用比礼品的价值还高，喧宾夺主，就大可不必了，包装要与礼物的价值对等。

2. 赠礼的时机

在涉外交往中，要把握送礼的最佳时机。在会见或者会谈中，如果要给对方赠送礼物，一般应选择在对方起身告辞时。如果是向交往对象道贺，应当在见面时就拿出礼物。出席宴会时，可在起身辞行时进行，或者在餐后吃水果时进行。为专门的接待人员准备礼品，一般应尽早交给对方。作为东道主如果想要赠送礼物给外宾，可以在对方赠送礼物时回赠，也可以在外宾临行前一天，到其下榻之处进行探访时赠送。

（三）接受馈赠礼仪

在涉外工作交往中，你不仅有可能是赠礼人，还有可能是受礼人，在接受别人合理合法的赠礼时，一定要表现得落落大方。

1. 坦然接受礼物

一般情况下，别人赠送礼物都是真心实意的，对于这样的礼物，最好不要拒收，否则，会使赠礼者产生不愉快的想法。接受礼物时要双手接过，同时说上几句感谢的话，如"让你费心了，谢谢""谢谢你的礼物"等，不要说"我受之有愧""这样的礼物我不能收"之类的话，不能虚情假意，反复推辞，硬是不肯收。也不能心口不一，嘴上说"不要不要"，手却早早伸了过去。

2. 当面打开礼物

中国人的习惯是不当面打开礼物，而是等客人离开后再打开。随着与国际接轨，越来越多的人选择在收到礼物时当面打开，表达自己的喜悦及喜爱之情，这样的方式更人性化，更能让赠礼者感到受礼者的尊重与重视。所以，在收到礼物时，应尽可能地当着对方的面将礼物打开。启封时动作要有序、缓慢，不要乱扯、乱撕，拆封后要赞美礼物，表示很喜欢这样的礼物。

3. 拒绝有方

外宾赠礼时，并不是所有的礼物都可以接受，如下礼物就不太适合接受：违法违禁品、有辱国格的礼物、价格过分昂贵的礼物以及一定数额的有价证券或者现金。在遇到不能接受的礼物时，应向对方说明并当场退还，但不要在外人面前这么做。

4. 事后致谢

在接受他人礼物后，可在一周之内打电话或者写信致谢，这样会令对方心生愉悦，觉得你重视他的礼物。

第三节　会谈礼仪

案例导入

周恩来总理的谈判技巧

周恩来总理在他的外交生涯中，总是能运用各种谈判艺术和技巧，为维护国家利益、维护世界和平以及促进各国人民的友好往来，做出巨大贡献。美国前总统尼克松曾说："周恩来在谈判中显示了高超的技巧。"基辛格也承认："周恩来有一种非常高超、非常巧妙的谈判技巧，是头脑迟钝的西方人要过一会儿才能理解的。"有人将周恩来总理的外事谈判技巧归纳为三点：一是坦率真诚，阐明观点；二是察言观色，要言中的；三是洞察时事，随机应变。周恩来总理的这些谈判技巧曾在国际外交界留下许多佳话。

在涉外活动中，会谈是双方或多方就实质性的问题交换意见、进行讨论、阐述各自的立场，或为求得某些具体问题的解决而进行的严肃而正式的商谈。如各国贸易代表、各国企业、公司之间关于商务、经济合作等方面的会谈。会谈通常较为正式，按照会谈首席代表的身份、地位，可分为最高层次会谈、专业人员会谈等；按照会谈内容性质，可分为实质性会谈、技术性会谈等；按照会谈程序，又可分为预备性会谈、正式会谈和善后性会谈等。

一、会谈前的准备

（一）会谈的时间和地点

会谈的时间和地点应双方事先约定。如果一方要求拜会另一方，应提前将会谈时间和地点告知对方，接到要求的一方如同意对方的请求应主动回复对方；不予答复或无故拖延有可能会导致关系恶化、合作失败。会谈要在经双方协商确定后都认为合适的时间、地点进行。通常，高层领导人间的会谈安排在重要建筑物宽敞的会客厅内进行，也可以在宾客下榻酒店的会客室或会议室内进行。

（二）会谈的人员和规格

双方确定会谈的时间后，提出要求会谈的一方，应提前将自己一方出席人员的姓名、职务等信息提供给对方，接到要求的一方也应把自己一方参加人员的名单及时通知对方。参加会谈的人数及双方最高领导者的身份、地位应大体相等。

（三）会谈的背景和资料

在会谈过程中，无论是主方还是客方，均应了解对方背景资料及习俗、禁忌、礼仪特征等。参加会谈还应在文字资料方面做好准备，如需提供外方参阅的，还要准备好外文资料。

（四）场所的布置与安排

一般公务性或商务性的会谈，在国外多在主人的办公室内进行，在我国大多在会客室或会议室内进行。

1. 会谈场所的布置

在涉外活动中，东道主应根据来访者的身份和访谈目的，安排人员对会谈场所进行精心布置，坚持以宽敞明亮、整洁舒适为原则。这不仅是对外宾的礼貌和尊重，同时也是向外宾展现自身的整体形象。

会客室的陈设与装饰应简洁、实用、美观、整洁。会谈桌上通常摆放两国国旗，会议现场要事先安排好座位表，现场每一个座位的醒目位置要放置中外文座位卡，上用主方国文字，下用客方国文字。字迹应工整、清晰，方便与会者对号入座。会谈场地正门口应安排专人迎送，对于级别高的客人，应有专人将其引导至座位，并安排入座。会客室应安排足够的座位，不可临时又去加座椅。

此外，还应备有茶具、茶水、饮料、纸巾以及必要的文具等，为使会谈室显得温馨，可用鲜花装点，营造氛围。

2. 会谈座次的安排

按照惯例，会谈时宾主座次均由主方负责安排。

双边会谈通常用长方形或椭圆形桌子，宾主相对而坐，以正门为准，主人坐背门侧，客人坐面门侧；或者以入门的方向为准，宾客坐右边一侧，主人坐左边一侧。

座位的排定方法是：主发言人居一侧的正中，第一副发言人在主发言人的右侧，第二副发言人在主发言人的左侧，然后依次类推；如果有翻译人员在场，则翻译人员在主发言人右侧，第一副发言人在主发言人的左侧，第二副发言人在翻译人员的右侧。其他人员按照礼宾顺序左右排列，记录员可安排在后面，如果参加会谈的人数少，也可安排在会谈桌就座。

我国习惯把翻译人员安排在主发言人右侧，但有的国家也让翻译人员坐在后面，一般应尊重主人的安排。

二、会谈中的礼仪

主方应提前到达会谈场所。当外宾抵达时，主人应在门口迎接，与客人握手、致意或由专门迎宾人员迎接，主人在主宾左侧，陪伴客人步入会谈厅。

会谈开始，除陪同人和必要的翻译人员、记录员外，其他工作人员安排就绪后均应退出。如果允许记者采访，也只是在正式谈话开始前采访几分钟，然后记者全部离开。谈话过程中，旁人不可随意进出。

会谈双方应本着友善礼貌的态度进行交流沟通，即使意见不一致，也应克制自己的情绪，尊重对方的观点，再谋求达成共识的途径。

第 五 章

境外旅游礼仪

在改革开放不断深入、全球旅游经济快速发展的背景下，越来越多的人选择境外旅游。但去境外旅游，如果不了解当地的风俗和礼仪规范，往往会闹出乌龙，甚至陷入危险境遇。本章设置了出行与住宿、观光与购物、公共场合等场景，并对小费礼仪进行了详细讲解。想要出国旅游的你，一定要仔细阅读，否则闹出乌龙可就难看喽！

第一节　出行与住宿礼仪

🗨 案例导入

境外自驾出游到底是靠左还是靠右？

在中国，开车是靠右行驶的，但在英国、日本等国家开车是靠左行驶的。很多人都有机会在出国旅游中体验在道路另一侧驾驶的情形。有数据显示，世界上有大概四分之一的地区驾驶位位于车辆的右侧。把方向盘安置在右侧的国家有不到80个，包括日本、英国、澳大利亚、巴基斯坦、新加坡、南非、泰国和马尔代夫等。而在左侧驾驶位安置方向盘的国家数量明显要高出不少，超过160个不同国家和地区被囊括在其中。例如美国、阿根廷、埃及、中国，以及大部分欧洲国家等。

出行与住宿，是外出旅游避不开的环节。出行礼仪，是指人们出行时应该遵守的行为规范，是人们在生活中应当具备的基本素质之一，它可以细分为行路礼仪、自驾礼仪、乘电梯礼仪、乘坐交通工具礼仪。有关住宿的礼仪则可以分为预约礼仪、入住礼仪及退宿礼仪。

一、行路礼仪

或许有人会认为，出国旅游在街上走路，只要不妨碍别人即可，但实际上，步行也有许多规范需要遵守。

（一）遵守交通规则

出行时每个公民都应遵守交通规则，过马路，左右看，要走人行横道，不乱穿马路，不翻越栏杆。只有每个人都遵守交通规则，才能保证交通畅通，出行安全。在人行道上行走时，应自觉让出盲道。

（二）注意步行仪态

在马路上行走也要注意个人姿态，要优雅地行走，前进时不要跑步。不要边走路，边抽烟或吃东西；不要随地吐痰，有痰时要吐在面巾纸上再扔进垃圾筒内；不要乱扔果皮纸屑等杂物。

（三）注意步行方位

在路上行走时，应该记住"以前为尊、以内为尊、以右为尊"的原则。"以前为尊"是指在街上行走时，一般请女士、尊长和客人走在前面，但是在对方不知道路程和方向时，男士、晚辈、主人应该走在前面带路；"以内为尊"是指在道路上行走时，应该让位尊者走在道路的内侧，男士应该让女士走在内侧，这不仅是出于安全考虑，更是为了避免他人侵犯女伴；"以右为尊"，道路无明显内侧、外侧之分时，可以遵循该原则。

（四）避免步行禁忌

遇到老人、小孩儿和行动不便的人要礼让，在人多的地方不要拥挤，依次而过。不小心碰到了别人要及时说声"对不起"；别人碰了自己，踩了自己，不要过分计较，更不可恶语相向，应大度地对待别人的道歉。如果对方毫不知情，且多次妨碍自己，可以委婉地提醒对方"请您注意一下好吗"，不可大声争吵。

行进时与身边的人保持适当的距离，不可距陌生人过近，否则会让他人感觉不自在。行进的速度不要太慢，以免阻挡后面的人。需要停下打电话或聊天时，应自觉站到不影响他人的位置。两人或多人一起行走时，不拉横排，不嬉笑打闹，以免影响他人通行。不要在街上勾肩搭背行走。

行走时千万不要尾随其他人，甚至对其窥视、围观或指指点点。在不少国家，这样做被视为"侵犯人权"或"人身侮辱"。不要在私人居所附近观望，甚至擅自进入私宅或私有的草坪、森林、花园，否则可能涉嫌违法。

（五）问路注意事项

问路时态度要诚恳，使用礼貌用语。无论对方能否为你指路，都要感谢对方。如果遇到别人问路，要热心地回答，不能置之不理、冷漠对待。假如自己也不知道，则要向对方说明，请其转问他人，并表示歉意。

二、自驾礼仪

出国旅游选择租车自驾渐成趋势，但国外的交通环境和国内有一定的差别，因此选择租车自驾时一定要提前做好准备，租车、驾车、还车等环节也要注意礼貌礼节，这不仅是为自己的出行提供便利，也是为自己的出行安全提供保障。

（一）租车

租车时应该以方便、好开的中小型车辆为主要选择目标，务必要注意车辆的车龄与厂牌，最好租赁自己较为熟悉的车型，以此节约熟悉操作的时间。租车时应该提前了解车况，询问车上备用工具、备用轮胎的放置位置。在被允许的情况下，最好试驾后再决定是否承租。

（二）驾车准备

随着移动互联网的发展，人们日常出行多了许多便捷工具，电子导航便是其中的一种。要提前熟悉车辆自带的导航设备，了解行车路线。

（三）驾车

驾车前一定要提前了解当地的行车规则，如本节"案例导入"所述，在中国，开车是靠右行驶的，但在英国、日本等国家开车是靠左行驶的。因此，在行车的过程中一定要特别留心，靠左行驶的国家在转弯处一定要特别小心。在狭窄的路段一定要礼让来车。

（四）还车

要提前了解还车地点，了解是否有人来取车、是否需要增加额外的费用等。

西班牙龙达小镇街头

三、乘电梯礼仪

外出旅游时，在商场、酒店有时会遇到乘坐电梯的情况，掌握乘电梯的礼仪必不可少。从电梯的种类来分，乘电梯礼仪可以分为乘直升梯礼仪和乘扶梯礼仪。

（一）乘直升梯礼仪

等候电梯时，应自觉排队，不可全部挤在电梯门口，以免影响电梯里的人出电梯。电梯门打开后，应让里面的人先出来，再有秩序地进入电梯，尽量让残疾人、孕妇、老人和孩子先上，不可一拥而上。先进入电梯的人尽量往里站，腾出空间，以便让后进入电梯的人有地方站。

电梯即将关门时，不要扒门。电梯超载时不要强行挤入，自己靠近门口时要主动退出。如果携带较多物品，则应注意不要妨碍其他人。

进入电梯后，应面朝电梯口，不要四处张望或盯着某一个人看，可以看电梯门或楼层显示数字，以免与陌生人脸对脸产生尴尬。在电梯中不要吃东西，不要喝饮料，不要高声接打电话，不要丢垃圾，不要蹦跳。即使电梯内装有可以充当镜子的材料，也不要在电梯内整理仪容，无论身边是否有人。

站在电梯楼层按钮旁边时应做好电梯开关的服务工作，可以主动询问每人要到达的楼层，并代为按按钮。如果你的位置远离电梯按钮，可有礼貌地请按钮旁边的人代劳，不建议自行伸长手臂越过人群去按按钮，别人代劳按了按钮后，要表示感谢。按按钮时动作要轻缓。

快到自己所去的楼层时，应提前等候在靠近电梯门的地方，不要等电梯到达时，才匆匆挤出人群。出电梯时应遵守秩序，按照顺序依次走出电梯，不要争抢。

乘电梯过程中，如发生事故，不要惊慌失措，应马上拨打检修电话，耐心等候，不可冒险扒门而出。

陪同客人或长辈乘坐电梯时，应先按电梯按钮。电梯门打开后，如果里面有电梯服务人员，则请客人或长辈先进入电梯；如果里面没有电梯服务人员，则自己要先进入电梯，一手按住电梯"开"的按钮，另一手按住电梯门，口中礼貌地说"请进"，请客人或长辈安全进入电梯。

如遇火警，千万不要乘直升电梯。

（二）乘自动扶梯礼仪

手要扶住电梯扶手，以免发生危险。

主动照顾同行的老人、小孩和行动不方便的人。

有急事走应急通道时要确保安全，并向主动为自己让路的人致谢，不可逆行。

（三）典型国家的乘梯礼仪

"女士优先"为法国人所重视，因此在法国，当电梯里有女士时，一定要让女士先走出电梯。在法国一些历史悠久的饭店里，还有一种有座椅的老式电梯，法国人理所当然地会把座椅让给老人、孩子和女士。在电梯里"抢座"对法国人来说是件匪夷所思的事情。

日本人坐电梯分"上座"和"下座"。"上座"是在电梯按钮一侧最靠后的位置；其次是这个位置的旁边；再次是这个位置的斜前方；最差的"下座"就是挨着操作盘的位置，因为这里的人要按楼层的按钮，相当于"司机"。在日本的电梯里，大家一般会把"上座"让给领导或老人，一些年轻人进入电梯后，则会主动站在"下座"的位置。

美国人在乘坐直升电梯时，习惯反复按"开门键"等人，直到确认无人进电梯后，才会松开"开门键"。不过，没有人会去按"关门键"，因为在美国人心里，一进电梯就按"关门键"的人显得粗鲁和刻薄。

四、乘坐交通工具礼仪

（一）乘坐汽车礼仪

1. 乘坐出租车礼仪

（1）在停靠点叫车

一般应在出租车停靠站点叫车。在其他情况下叫车时，应选在既不影响交通又安全的地方。不要在路口，尤其是有红绿灯的路口和有黄色分道线的区域叫车，也不要在公共汽车站、快车道旁叫车。同女士、长者、上司或嘉宾一起打车时，应当照顾其先上车。

（2）提前做好沟通准备

在国外出行可能面临语言不通的情况，因此可以提前问好目的地，通过手机地图、小纸条等方式把地址展示给出租车司机看。

（3）保持车内整洁

上下车、开关门时要前后观察，以防伤及他人。不在车内吸烟，不往车外吐痰、扔杂物，不在车上脱鞋、脱袜、换衣服，湿雨伞和雨衣不要放在乘客座椅上，不要用脚蹬踩座位，更不要将手或腿、脚伸出车窗外。不要将垃圾、废弃物留在车上。

（4）态度谦和有礼

在出租车行驶的过程中，乘车人之间可适当交谈，但不宜过多与司机交谈，以免司机分神。不要谈及车祸、凶杀、死亡等晦气的事。对出租车司机要谦和有礼，下车时，对司机说声"谢谢、再见"，会让司机感到温暖愉快。

2. 乘坐轿车礼仪

在乘坐轿车时，首先要注意上下车的先后顺序。如果是主人驾驶车辆，主人应后上车、先下车，以便照顾客人上下车。

如果是由司机驾驶车辆，坐在前排者，应后上车、先下车，以便照顾坐在后排者。同坐在后排的人，应请尊者、长辈、女士先从右侧车门上车，自己再从车后绕到左侧车门上车。下车时，自己先从左侧车门下车，再从车后绕过来帮助尊者下车。

为了上下车方便，坐在折叠座位上的人，应最后上车，最先下车。

乘坐有多排座位的轿车时，通常以距离车门远近为序，上车时，距车门远的人先上车，其他人依据由远而近的顺序上车，下车时相反。

3. 乘坐公共汽车礼仪

排队候车，先下后上，不要推拉、挤撞他人，遇到老弱病残孕等行动不便的乘客，要让其先上车。上车后尽量往车厢里面走，不要堵在车门口，以免影响他人上车。到站前，要提前向车门移动，要向主动为自己让路的乘客说声"谢谢"，等车停稳后有秩序地下车。

尊老爱幼，不抢占座位，遇到老人、残疾人、孕妇及怀抱儿童的乘客要主动让座，如果自己是站着的，也要把有扶手的地方或空间大的地方让出来，不能熟视无睹。当他人为自己让座时，要表示感谢。

在公共汽车上磕磕碰碰是难免的，不要斤斤计较，应互相体谅。如果不小心碰到了别人，要马上道歉，请别人原谅；如果别人碰到了自己，则要宽容待人，不要不依不饶。

上车后把物品安放到位，不要把自己的行李物品放在旁边的空座上。车上设有"老弱病残孕专座"，普通人不应坐在这些有明显标志的座位上。

不随意吃东西，不吸烟，不吐痰，不乱丢果皮纸屑，更不要随手将垃圾扔出车外。不携带危险物品上车，不带宠物上车。在车上保持安静，带着孩子时不可让他们在车上玩闹。

在与恋人、配偶乘车时，不应表现得过于亲热。不管是坐还是站，均应做到坐有坐相，站有站相，不要把腿伸到过道上，不能为他人设置路障。

（二）乘坐火车礼仪

乘坐国际列车前往我国的近邻如朝鲜、越南、俄罗斯等国家，既经济又实惠。但是乘坐国际列车与乘坐国内火车又有不一样的地方。

首先，是购买车票与选择具体的车次方面。如果你准备在出境时乘坐国际列车，则须凭本人护照、签证等证件购买车票，最好是提前半个月至1个月购买。买好车票之后，应按照车票上指定的日期、车次、车站、车厢号对号入座。

对于出境旅客携带与托运的行李的种类与重量，铁路方面均有专门规定。最好提前进行了解，并严格遵守规定。

进入车厢后，面对陌生人要点头致意，不要高声谈话而妨碍他人。与车上萍水相逢的外籍乘客交谈时，不要信口开河、失礼放肆，不要轻易谈论隐私话题，不要谈论有关他国内政或宗教信仰的话题，也不能议论无聊下流的话题。

如果在国际列车上，想要加入邻座的交谈或娱乐活动，要先征得对方的同意，不然会显得唐突冒失。

按照惯例，国际列车的车厢往往分为准许吸烟和禁止吸烟两种，并且分别设有醒目的提示标志。许多国家的法律规定对违反规定者将处以高额罚金。

在车厢内，不要随意脱鞋袜，休息时不要东倒西歪，或把脚放到对面的座位上。

（三）乘坐地铁礼仪

在国外出行时，可以多备零钱和硬币，它们在地铁、便利店等场所都有"用武之地"。由于人生地不熟，许多国家的地铁线路复杂、密布全城，因此在乘车前务必提前做好攻略，了解出行线路，避免走错。

乘坐地铁应按照标志的提示排队。在站台候车时，请站在两侧的箭头内侧指示区，中间的箭头指示区留给下车的乘客，这样能保证乘客上车和下车井然有序，更能节约时间。出行时应遵守"先下后上"的原则。上下班高峰期，乘客很多，通道窄的地方，不要故意拥挤。在一些国家的上下班时间，地铁会迎来出行高峰，比如在日本，每个车厢都会有推送员把挤不上地铁的乘客推上车厢，因此在地铁出行高峰时段，难免会有些磕磕碰碰，此时一定要相互体谅，冷静克制。

车门的警示铃响起时，如果还没上车，则应耐心等候下一趟，而不要不顾一切地往车上挤，这样非常危险。如果真的赶时间，最好的办法就是提早出门。

因为地铁的空间比较狭小，所以禁止在车厢内饮食。乘地铁时，坐姿要规范，不可把脚伸到过道，以免影响他人通行。落座时，一定要注意坐姿的规范，尤其是女性，两腿要收拢、并紧，如果裙子太短，可以把手袋放在腿上稍作遮挡，"走光"是很失礼的。

乘坐地铁时不能旁若无人地随意脱鞋袜，不能把垃圾丢在车厢内。不可一人占多席，更不可随意躺在座位上。不可在地铁里大声地接打电话。

女性不要在地铁内当众化妆，情侣应避免在车厢里当众拥吻。

在国外，乘坐地铁有时候也不太安全，一旦发现寻衅滋事者，应求助于巡警或者往人多的地方走。

（四）乘坐飞机礼仪

一般来说出境游大多要乘坐国际航班，一些航班甚至要乘坐 10 个小时以上，再加上语言沟通不畅，每个航空公司的规定也不相同，掌握国际航班的乘坐注意事项就尤为重要。

建议乘坐国际航班一定要提前 2 小时到达机场，甚至提前 3 小时。国际航班经济舱每人通常可以托运两件行李，且规定了免费托运的行李尺寸，在乘坐航班时一定要提前了解相关托运规定，不携带不能托运的物品。如果不小心超重，可以先将行李箱打开，调整物品位置，将较重的物品放到更轻的箱子里，均衡各个行李箱的重量，或者将较重且便携的物品背在身上。鉴于长途国际航班一般要飞十几个小时，建议穿着较为舒适的衣物。

📋 延伸阅读

1. 关于中转换机

乘坐国际航班有时会遇到需中转换机后才能到达目的地的情况。对于中转换机，应当了解相关常识。直接换机时不必出机场，在办理中转手续的柜台即可办理续乘航班的登记手续。如果行李办理的是直运目的地，就不必将行李取出重新办理托运了。

许多国家规定，凡定妥续乘航班座位的联程过境客，在机场内换机停留24小时以内，即使没有过境签证，也可以离开机场到城里观光。还有的国家规定，旅客可以在机场办理过境手续，只要不耽误乘机，起飞前一小时返回即可。

如果当天没有衔接的飞机，旅客就要在中转地过夜。如果行李办的不是直运目的地，还要等取到行李，重新办理交运后，再离开机场。

有时中转换机需到另外一个机场，这样会麻烦很多，尽可能不买这种机票。

2. 航班超售

所谓航班超售，是指某个航班卖出的票数超过了飞机座位数。为了保障自己的收益，几乎每家航空公司都存在一定比例超售的现象，以保证航班座位的利用率。国外航空公司一般把超售机票占售出机票的比例控制在3%左右，我国则规定超售机票不能超过5%。

如果出现航班超售的情况，机场的一般做法是：首先在旅客中寻找自愿者改乘其他航班；如果没有足够的自愿者，就采取拒绝登机的方式。航空公司会对自愿改乘航班的旅客开出补偿证明和配套的旅程优惠计划；对于被拒绝登机的旅客，会得到现金补偿，当然，也可以要求提供往返机票补偿证明、相应的旅程优惠计划来替代现金补偿。

一旦被拒载，旅客有资格要求航空公司做出补偿。具体的补偿措施可以在办理登机手续的柜台立即办理，同时会签订一份协议以放弃今后向航空公司追溯责任的权利。

3. 乘坐国际航班时的基本要求

乘坐飞机要提前到达机场，一定要留出充裕的时间托运行李、换登机牌及过安检等。一旦拿到登机牌，要按时登机。如果你不按时登机，可能会导致整个飞机不能按时起飞，因为你一旦领了登机牌，就意味着行李可能已经托运，而你又没有登机，就需要把所有的行李都清理出来，看看其中是否有危险物品，这样会延误飞机上所有乘客的行程。

在候机大厅内要照看好自己的行李，如果用行李车来运送行李，不要把行李车停放在通道上而影响他人。

遇上飞机晚点，应听从机场的调度，耐心等候，不要大声吵嚷，更不要与机场工作人员发生争执、做出一些过激的行为。

进出舱门时，都有乘务人员站在舱门口迎送顾客，他们热情、微笑地向你问好时，作为乘客，也应点头致意或者问好。

登机后，应根据飞机座位上的标示对号入座。

飞机起飞前，应认真倾听乘务员讲解示范氧气面罩等物品的使用方法，以便出现意外时使用。听从飞机上广播的提醒，遵守"请勿吸烟"的规定。

飞机起飞后可看书看报，也可与同座交谈，但声音不要过大，不要隔着座位和同行的人聊天说话。

飞机上不宜讨论有关劫机、坠机、撞机等不幸的事件，也不要对于飞机的性能信口开河，否则会给其他乘客的心理造成阴影。

飞机上的座椅可以调整靠背的角度，便于乘客休息，但调整靠背时要考虑到后面的乘客，不要突然放下座椅靠背，或者突然恢复原位置，以免惊扰到他人。不要坐下后随意脱鞋，"污染"机舱的空气。长途乘坐飞机时可以更换拖鞋，但务必不要给他人造成味道上的困扰。

尊重乘务人员，他们的工作非常重要，不要把他们当成保姆随意使唤。如果对他们的服务有意见，可以下飞机以后投诉，而不要在飞机上大吵大闹。

因为飞机上的卫生间是男女共用的，因此一定要保持卫生间的清洁。门上有"OCCUPIED"的信号表示"使用中"，不要再去敲门；"VACANT"表示没人，可以使用。进入卫生间后一定要上锁，"OCCUPIED"的信号才会亮，告诉别人你已在使用。"FLASH"表示使用完毕后正在冲水。女性不要长期占着卫生间在里面补妆，在卫生手间内，吸烟也是绝对禁止的。

航行中，空乘人员会发一份入境登记表或海关申报表，应该早一点填好。填写的项目，护照上都有，不会填写时可请随行导游或空乘人员帮忙代为填写。

下飞机前，要将垃圾集中放进座位前的垃圾袋内，不要随意丢弃。

要把飞机上的物品（如耳机、毛毯等）整理好，以减轻乘务员的劳动强度。

飞机着陆后，不要急于开启手机，不要马上站起来去拿行李。要等信号灯熄灭以后，再解开安全带，带好随身物品，依次走出机舱。出舱门时，不要忘了向乘务员道谢。

五、住宿礼仪

出国旅游，住宿总是一个让人头疼的问题。其实你大可不必太过担心，世界各地的宾馆、饭店与国内的涉外饭店基本类似，都是按照统一的科学标准进行分类和管理的，只要了解相关内容，在国外住宿并不像想象中那么难。

（一）提前预订

国外需要住宿时，最好提前预订，告知服务员自己需要什么样的房间、哪天入住、打算住几天等。预订的方式也是多种多样，电话、短信、网络预订都可以。无论哪种方式，最好预订房间后再打个电话给酒店，以确认信息。

尽量按照预定的时间到达宾馆，如果因为特殊原因要比约定的时间晚到，一定要提前打电话告诉宾馆，是继续保留还是取消预订；如果不这样做，则很有可能会被取消预订。

（二）登记入住

这是住宿的第一步，也是与宾馆服务人员的第一次接触。有礼貌地登记、入住会让您在宾馆的住宿更加方便、舒适。

登记时要准备好所需的证件，如有预订，要同时告诉工作人员相关信息。如果客人比较多，要耐心排队等候，不要焦急地催促、埋怨宾馆的前台接待人员或者在大厅内大声喧哗。

对所有的工作人员都要以礼相待，无论是在电梯，还是在餐厅，或是在大厅，在接受工作人员提供的各项服务时，要尊重、体谅他们。

严格遵守住宿规定，到房间后仔细阅读各项介绍，在享受服务的同时，也要遵守规章制度。

酒店是给住宿者提供休息的地方，酒店里的大厅、走廊、餐厅等是公共场所，在这些地方，不要表现得过于随便，不能穿着拖鞋、睡衣出现在这些场合，也不要大声说话和吵闹。

在外住宿时，有无良好的个人卫生习惯会显得十分重要。虽然打扫房间是服务员的工作，但也不要理所当然地不注意卫生。垃圾要扔到垃圾筒里，东西也要摆放整齐。用浴盆洗澡时，浴帘的下面要放在浴缸里，以免把地面弄湿，这样既方便服务员打扫，也可以防止因为地面水多而滑倒。

如果在酒店连续住几天，为了环保、节约用水，也为了减少服务人员的工作量，床单和牙具不必每天都换，需要更换时可按照宾馆提示将指示牌放到指定处，这样的客人一定会得到宾馆的尊重和欢迎。

在房间里看电视时，音量要适中，并且不要在早晨或者深夜开电视，以免影响他人休息。

不要在客房招待客人，如果确实需要，那么注意人数不要太多，交谈的时间不要太久。到别人房间去聊天，也要把握时间，要注意交谈的音量，不要打扰到别的客人。

不要用宾馆的床单和毛巾擦皮鞋，不要在宾馆的房间内生火做饭。

出门在外，可能存在语言不通、生活不便的情况，甚至有时出去游玩，返回时却无法表述入住酒店的位置。为了解决这些问题，大家可以记住一个小诀窍：一般在入住的酒店前台都会备有酒店的名片，上面写有酒店的详细地址和联系电话，带上这张"酒店卡"就可以放心大胆地出门了。如果没有，可以用纸张或者手机记录下来。

（三）退房离店

应提前电话告知前台退房，感谢他们的周到服务。

如果房间物品有损坏，要主动告知，如需赔偿，也要勇于承担。

洗发膏、牙刷、肥皂等免费一次性用品可以带走，但是有些物品是有偿使用的，如果盲目带走，结账时会令你非常尴尬。

第二节　观光与购物礼仪

💬 案例导入

被海关拦截的毛绒玩具

一名从澳大利亚回国的中国游客在入境成都时，被成都海关拦下，因为在他的行李中有一只毛绒玩具小熊。这只毛绒玩具为什么是违禁品？成都机场的检验检疫人员为什么要扣留呢？原来，这个毛绒玩具为塔斯马尼亚州的特产小熊，其填充物主要为薰衣草的种子等。由于该旅客无法提供相关的检疫证明材料，工作人员根据《中华人民共和国禁止携带、邮寄进境的动植物及其产品名录》，对该"薰衣草小熊"予以截留，并当场出具处理凭证。

境外旅游，观光和购物是必不可少的两项活动。近些年来，媒体曝光了诸多旅游景点出现的不文明行为，如在文物上刻"某某到此一游"、让小孩随地大小便、不按规定排队等。人们越来越感受到做一个文明的旅行者是彰显中国人素质的重要窗口。那么，出国旅游到底应注意哪些细节呢？

一、观光礼仪

（一）旅行前的准备

1. 证件齐全

出门在外，准备一定要周全，特别是护照等身份证件，一定要妥善保管，最好有照片备份和复印件。除了必备的身份证件，出国观光旅游要带的旅行物品，最好列出清单一一准备好。

2. 兑换货币

出发前可以去银行兑换一些外币现金带在身上，基本上在国内取现金都是比在国外取划算的。虽然在国外大部分地方都可以刷卡，但是在小摊贩吃饭、买水果、打车、给小费以及一些景点的收费项目都是需要支付现金的。

3. 通信畅通

在没有开通国际漫游的情况下，通信工具在国外就无法保持畅通了，因此在出国之前应该提前采取措施确保通信畅通。这样不仅可以方便与国内的亲友联系，确保安全，在国外旅行时也可以和导游、旅伴等保持联系，或者在特殊情况、紧急情况下积极自救。

出国旅游时，通话和上网有以下几种方式可供选择。

（1）通话方式。

① 从境外购买或者租一部当地的手机，这种便宜手机往往会附赠话

费，同时尽量用短信与他人交流，因为短信的费用要便宜得多。

② 购买境外电话卡。在国外买一张电话卡，通话比较便宜。

③ 开通国际漫游。

（2）上网方式。

① 购买境外电话卡。如今电子商务发展迅速，许多境外电话卡可以从网上购得。如去泰国旅行，就有 Happy 卡、AIS 卡、Truemove 卡等多种选择，游客可根据自己的使用需求或者在境外旅行的时间来选择。

② 租用出境 WiFi。出境 WiFi 是可以随身携带的 WiFi 信号发生器，租用出境 WiFi 的好处在于可以供多人使用，在多人出行的情况下比较方便。但是缺点是，如果只有一台随身 WiFi，多人旅行时如果各自分开，网络通信则会不便。

③ 购买境外流量包。流量包的优势在于可以不换卡不换号、不用租赁设备，但是境外流量包要考虑信号问题。

需要提醒的是，不同国家的通信条件不同，大家在出国旅行之前，可以先查阅相关信息，根据自身需求的不同来选择通信方式。

4. 制订计划

国外旅行时大多人生地不熟，且存在语言沟通障碍，因此提前做好攻略尤为重要。包括日程安排，预订车票、机票和宾馆房间，了解景点位置等。不少人选择跟团出国观光旅游，认为凡事有旅行社帮忙打理会方便一些，实际上大多数旅行社的工作主要是完成日程、住宿等方面的安排，想要有精彩深度的旅行并且在旅行过程中不触犯当地禁忌，前期的计划与安排是必不可少的。

（二）文明出行行为

1. 爱护公共设施

无论是大型的公共建筑、文物古迹，还是一草一木、一砖一瓦，都要珍惜、爱护。维护墙壁的干净、整洁，不在建筑物上乱写乱画、签名刻字，更不可因为喜欢或认为有收藏价值而将物品占为己有。

2. 保护环境卫生

游览时要备好垃圾袋，不要把果皮纸屑或其他杂物垃圾随手扔在地上；外出野餐或者野炊结束时，要把所有的垃圾收拾好处理干净再离开；

带小孩的家长更不可让小孩随地大小便。营造舒适整洁的旅游环境，既能愉悦自己的心情，又能减轻工作人员的负担。

3. 遵守公共秩序

在巴黎罗浮宫曾出现这样的场景，当游客正在屏气凝神地观赏艺术作品时，忽然一句洪亮的中国话响起："蒙娜丽莎就在前面那个厅！快走啊！"只见20多个中国游客呼啸着奔去包围名作，他们相互招呼轮流与"蒙娜丽莎"合影。由于动静太大，最终引来管理人员的干预。不管是在国内还是在国外旅游，在公共场合一定要遵守秩序，不要一窝蜂。当游客较多时，有些景点会限制进入景区人数，此时一定要耐心排队等候，听从景点工作人员的安排。不能扰乱秩序，前拥后挤，私自插队。

4. 不得使用明火

很多地方都有明显的禁烟标志，有的景点严禁野炊、烧烤，因为使用明火可能导致火灾，应该自觉遵守规定。在一些人流量大的旅游景点抽烟是对周围人不礼貌和不负责任的行为。

5. 照相要守规矩

在丹麦小美人鱼的铜像前，一些中国男游客合影时直接将手放在美人鱼的胸部，左拍右拍，同行的人还嬉笑不止，给国人形象造成了极坏的影响。照相时务必守规矩，拍照时若有人妨碍镜头，应礼貌地请其让一让，或等其走开之后再拍照。如果要穿过别人的拍照地点，应先示意或耐心等其拍照之后再通过。不要骑在景点的建筑物、雕塑或者树木上照相。在不允许拍照的地方，不要强行拍照，也不要偷拍。

塞维利亚四月节人们盛装出行

6. 尊重当地习俗

不同国家的习俗不同，了解尊重当地的习俗，是对其他民族和国家友好的体现，也是展现良好国人素质的契机。

（三）注意安全

在国外旅行需特别注意旅行安全问题，不要冒生命危险前往交战地区旅行，也尽量不要选择社会治安欠佳的国家和地区，更不要去人迹罕至的地区。在国外旅行，要尽量避免一个人前往夜总会、红灯区等地。千万不要擅自进入私人住宅，若是被当成图谋不轨的"闯入者"，情况就不太妙了。此外，出国旅行一定要保持与中国使领馆的联系畅通。

如果在国外遇到突发事件，首先应沉着冷静，不要惊慌，应及时报警并向中国驻当地使领馆反映情况。如发生社会冲突，应减少外出，保护自身安全，同时及时与家人、朋友联系，告知情况，避免亲朋担心。一定要与当地的中国使领馆保持通信畅通，关注中国领事服务网和"领事直通车"微信发布的相关信息，了解局势的变化情况。

此外，大家在出国前或在海外时，只需要花几分钟时间登录中国领事服务网"出国及海外中国公民自愿登记"系统，填写个人或团组的基本信息及联系方式，中国驻当地使领馆在必要时就可以通过电子邮件给大家发送当地安全状况的提醒信息。当中国公民所在国家（地区）发生地震、洪涝、飓风、火灾等自然灾害，或出现政局动荡、社会骚乱等突发事件时，外交部领事司和驻外使领馆可以通过当初登记的联系方式顺利地与大家取得联系，并在必要时提供领事保护与协助。

若需从驻在国撤离，要听从中国驻当地使领馆人员的指挥，统一行动。

2006 年 10 月 1 日，中央文明办、国家旅游局联合颁布了《中国公民出境旅游文明行为指南》。内容为：

> 中国公民，出境旅游，注重礼仪，保持尊严。
>
> 讲究卫生，爱护环境；衣着得体，请勿喧哗。
>
> 尊老爱幼，助人为乐；女士优先，礼貌谦让。
>
> 出行办事，遵守时间；排队有序，不越黄线。
>
> 文明住宿，不损用品；安静用餐，请勿浪费。
>
> 健康娱乐，有益身心；赌博色情，坚决拒绝。
>
> 参观游览，遵守规定；习俗禁忌，切勿冒犯。
>
> 遇有疑难，咨询领馆；文明出行，一路平安。

在国外观光旅游的过程中，只要按照以上《指南》规范自身言行，一定能避免许多不必要的麻烦，更好地享受旅行的乐趣。

二、购物礼仪

出国旅游，除了去景点观光，购物应该是最有吸引力的了。但是由于世界各国风土人情不同，在购物的过程中也有许多需要注意的事项。

（一）注意文明行为

逛商场时，通常会有营业员陪伴左右不时主动询问你的需要，这时要及时应答。如果不需要他的陪伴，可委婉拒绝说："我自己先看看，需要了再叫您。"如果需要他的介绍和讲解也要说明，不能对对方不管不顾、置之不理。

购物时如果看上了某样东西而要呼唤营业员的时候，应该注意语气语调的平和，不要用命令的口吻高声呼叫。称呼营业员时不要叫"喂"，可称"小姐"或"先生"。虽然顾客是"上帝"，但是以"上帝"自居的人往往并不能得到"上帝"该享受的服务。只有当你态度谦和、礼待他人的时候，才有可能赢得别人对你的尊重。

当营业员在忙着招待其他顾客时，要耐心等待，等得久了，可以提醒对方一声，但不可发脾气，更不要撒野骂人。

商场作为公共场所，提供了休闲、放松、购物等功能，购物者也理应共同去维护商场的环境卫生，做到在商场里不随地扔垃圾或其他杂物。

未经店家允许，不要随意试用、试穿商品。在商场试穿衣服时，要小心谨慎，不要把口红、眼影等弄在衣服上。有些衣物是不能试穿的，如浅色衣物和内衣，不要背着营业员偷偷试穿。试穿衣服后，要及时归还给营业员，不要随手一丢。如果不小心损坏了相关商品，要实事求是地照价赔偿。

挑选商品时，要轻拿轻放，看后放回原处。有些食品提供试吃服务，在尝过以后可决定是否购买。有的散装食品没有设置试吃的标志，不要盲目试吃。不要随意打开商品包装。

要"入境随俗"，遵守当地法律，对于黄色书刊、影像制品，坚决不能购买。

不要将手推车停在主要通道上，用完后应停放到指定的位置。结账时应自觉排队。

不管有没有购物成功，在离开时，都要向为你服务过的营业员真诚地道声"谢谢"，感谢他们的热心服务，不可一声不吭地转身就走。

（二）掌握购物技巧

许多人到国外往往因不了解税额政策或者不知道购物技巧而做出不理智的选择。在国外购物时应该尽量记住以下购物技巧。

1. 尽量少用现金

在国外购物应当使用外币，且尽量少用现金。除了用随身携带的外币现钞向服务人员支付小费、购买小件商品、支付乘坐公共交通工具的费用等，在商场购物时一般应使用外币银行卡。随着互联网的发展，移动支付也更为普遍，可以提前了解哪些商场支持移动支付，如支付宝、微信支付、Apple Pay 等。

2. 注意税额

在国外购物时，要特别注意税额。一是要特别注意商品是否有购物附加税，不少国家一般会在标价之外，缴纳附加税。二是办理免税手续，国外部分商店可以为出示外国护照的顾客办理免税手续。三是办理退税手续。

延伸阅读

1. 有关出境旅游的购物退税

购物退税是指境外游客在退税定点商店购买随身携运出境的退税物品，按照规定可予以退税。跨境购物退税，退的一般是增值税和消费税，是境外不少国家和地区为了带动旅游消费，针对外籍消费者的一种福利。

出境旅游购物退税流程：

（1）找对商店购物。

这种商户一般都会有"Tax-Free shopping""Tax Refund""Premier Tax Free"等标志。

（2）申领官方退税单据。

达到该国指定的购物金额，就能向商店营业员申领官方退税单据。

（3）海关盖章。

离开购物国，向海关官员出示未经使用的商品、商店收据和护照，海关官员核准后在退税单上盖章。

（4）退回税款。

每张退税单，都会被收取 2% ~7% 不等的手续费，集中购买可以节省手续费。退税方法一般分三种：一是退现金，二是退支票，三是退到信用卡里。

2. 境外购物退税需注意三点

（1）并非所有商品都可退税，只有在当地政府认可的退税商户购物才能够退税。这些商户一般都会有 "Tax-Free shopping" "Tax Refund" "Premier Tax Free" 等标志，尤其在旅游景点、交通枢纽等，可退税商户比较多。

（2）每张退税单都会被收取 2% ~7% 的手续费，集中购买可节省手续费。有朋友一起旅游的话，可一同记账，跟店员索取一式三份的退税单据，要注意单据上的信息必须和护照信息、信用卡信息、商品信息一致，不能出现任何差错。

（3）退税单据商店保存一联，自己保存两联。离境时，必须在海关处请海关官员对照信息进行检验，然后盖章。切记一定要盖章，否则无法退税。一份用作退税凭证，另一份自行保留。一旦发生纠纷，此单可作为解决争议的凭证。同时，必须在购物的国家和地区海关盖章，不能在交通中转国家的海关盖章（欧盟国家是统一退税，也就是在离开欧盟前的最后一个欧盟国的海关办理退税手续）。另外需注意时间限制，如果逾期，将无法退税。

3. 了解基本的日常用语

在出国购物之前，可以提前列好自己需要购买商品的清单，特别是可以准备好相关商品的图片，这样在购物时，即使语言不通，也能给营业员形象地展示自己所需要的商品，另外可以了解比较基本的日常用语的表达方式，如询价、商品尺寸、是否免税等。

（三）不买违禁品，谨慎购买农产品

在国外合法购买的一些物品，回国入境接受海关检查时可能会遇到问题。除了大家熟知的枪支等商品外，还有一些看上去普通的商品不能带入境。同样，出国旅游时，有部分物品无法出境。据《中华人民共和国海关法》和《中华人民共和国海关关于进出境旅客通关的规定》及其他有关法律、行政法规，进出境旅客携带的行李物品必须通过设有海关的地点进境或出境，接受海关监管，旅客应按规定向海关申报。

第三节　公共场合礼仪

💬 案例导入

中韩战中国球迷捡垃圾获赞

2018 年俄罗斯世界杯亚洲区预选赛（12 强赛）A 组的韩国队以 3:2 险胜中国队。素有"恐韩症"的中国队在这场比赛中展现出顽强的斗志，令韩国队终场前处于恐慌的状态。赛后，很多韩国球迷都吐槽"赢了也像是输了一样不爽的比赛"。让人惊叹的还有到场助阵的近 1 万名中国球迷的表现，赛后他们捡垃圾的场景成为韩日网友热议的话题。比赛结束后，中国球迷并没有立即离场，而是自觉地捡起观众席周围的垃圾，这种场景让体育场的保安们也露出十分惊讶的神情。

公共场所是指全体社会成员进行各种社会活动的公共空间，它具有公共性和共享性，如影剧院、医院、展览馆、商场、图书馆等都属于公共场所。在其他国家和地区的公共场所中，更要遵守礼仪规范，这不仅是公民社会公德的要求，也体现了中国人的文明程度。

一、博物馆、展览馆礼仪

法国罗浮宫博物馆、美国纽约大都会艺术博物馆、英国大英博物馆、德国森根堡自然博物馆、梵蒂冈博物馆……作为征集、典藏、陈列和研究代表自然和人类文化遗产的实物场所，博物馆在为公众提供知识、教育和欣赏方面有着不可替代的作用。同样，展出美术、摄影等作品的展览馆，也是反映社会发展、展现艺术家个人魅力的一道窗口。出国旅游，通过参观博物馆、展览馆了解当地的历史发展不失为一个好的选择。

那么参观博物馆、展览馆需要注意哪些礼仪？

（一）注意衣着

博物馆、展览馆展出的都是文化艺术价值较高的展品，展出场所也相对比较特殊，因此在参观之前一定要注意自身的衣着。衣着不能过于随便，不要穿过于暴露的衣服，建议穿着整洁、舒适的公务休闲或者商务休闲服装，女士尽量不要穿细高跟鞋或者踩地声响较大的鞋，避免在安静的展览馆发出刺耳的踱步声而给他人造成困扰。如果是级别、层次、规格都非常高的艺术品展出盛会，参观者可以选择穿着礼服。

日本京都国立博物馆

（二）听从指挥

有些博物馆的参观量比较大，所以馆方会通过各种方式限流。此时作为游客，应该听从指挥，耐心排队领票、参观。

（三）遵守规定

每个博物馆的规定不一样，最重要的是入乡随俗，遵守每一个博物馆的规定。一般来说，参观博物馆要求保持安静，不能大声喧哗，不要吃东西，行为举止要大方得体，爱护博物馆展品，有些博物馆规定不允许拍照，或者不允许拍照时打开闪光灯，在参观时都要严格遵守。此外，博物馆的布局与每一件物品的陈列都是经过专业人员精心构思与设计的，作为参观者应该爱惜，不触碰展品，以免造成不可估量的损失。

📝 延伸阅读

为什么在参观时不允许拍照？

博物馆藏品的门类丰富，部分展品因为材料特殊（如书画、古籍善本、织绣品等文物），都很怕光，在强光的照射下，会加速"衰老"，甚至形成永久性的损坏；在幽暗、安静的展厅环境里出现"闪光"，也会影响其他观众的正常欣赏和参观。因此，参观者应该克制自己拍照的欲望，让更多的后人看到这些完好无损的文物。另外，展品大多涉及版权问题，艺术家一般拥有独家版权，一旦复制需要支付版权费用。

实际上，在参观博物馆、展览馆时，更重要的是了解展品的内涵与精髓，与其把展品记录在相片里，不如把它们记录在你的心里。

(四) 做足功课

博物馆或展览馆展出的每一件展品，或反映着厚重的历史与独特的风情，或凝聚着艺术家的心血，其背后往往蕴含深刻的内涵。因此，去展馆参观之前，可以稍微做点功课，了解展出主题、背景、什么是镇馆之宝等，在参观时可以借助解说等了解具体的展品故事。贸然参观或者走马观花式的参观，往往会一无所获。

二、赛场礼仪

任何比赛，观众都是赛场的重要组成部分，没有观众的比赛就失去了意义。观众在观看比赛时有两个层面的活动：一是欣赏，也就是欣赏运动员优美的技术动作，欣赏运动员之间浑然天成的战术配合；二是参与，观众在看台上摇旗呐喊，助威加油，场上场下融为一体。观众通过参与，宣泄情绪的同时也表达了对球队的喜爱。

在体育赛事中，作为观众，如何有文明、得体的表现？有几点需要注意。

第一，有序排队。不管是室内还是室外的体育赛事，一般都有较多观众，进出场时，不要拥挤，要有序排队进场，遇到老弱病残者应主动礼让。如需要进行安检，应积极配合工

马德里伯纳乌球场

作人员的检查。入场后应该对号入座，入座时不要打扰别人。

第二，遵守秩序。观看比赛时，不抽烟，尽量不吃零食；比赛过程中照相不要使用闪光灯，如果比赛禁止照相，那么应该严格遵守规定。

第三，冷静观赛。一般来说，体育赛事都会让人亢奋，因此在观看比赛的过程中，一定要注意控制好自己的情绪，适度的欢呼、鼓掌、尖叫是被允许的，但不要因一时激动而踩上座椅，也不要因为觉得判罚不公而出现鼓倒掌、喝倒彩、吹口哨、辱骂裁判等行为。另外，任何比赛都是双方共同努力的结果，在支持喜爱的参赛队伍的同时，也要尊重对方的运动

员。

第四，熟悉规则。任何赛事都有规则与奥妙，看得"懂"与"不懂"的区别就在于是否懂得比赛规则，合适的鼓掌、喝彩等行为都有赖于对规则的理解和对赛场的把控，仅仅去赛场感受氛围而不知比赛的乐趣，是不是有些遗憾？

三、剧场礼仪

踏出国门欣赏各种演出，成为许多中国人外出旅游的必选项目。在剧场观看演出时，如何做才显得落落大方、从容得体？

首先，要注意自己的形象。衣着要整洁大方，女性不可着背心、拖鞋或暴露的衣服，男士不能光着膀子。在欣赏歌剧、舞剧等表演时，出于对表演和演员的尊重，服装应该体面、高贵。出国旅行时，不妨带一件中式礼服，这样在一些正式的场合，既不失礼，又可以对外传播中华文化，两全其美。

应提前入场就座，晚到会影响其他人观看、打断别人的思路。就座后摘下帽子，头部不要左右晃动，也不要不停地来回走动，以免影响后面的观众。不要把脚踩在前排座位背面，更不可脱掉鞋子发出刺鼻的气味。

保持剧场安静。不大声说笑，不交头接耳，对于已经看过的影片、剧本，不要主动讲解、介绍、评论，"剧透"会很令人生厌。不在影剧院内接打电话，手机要调成震动或静音模式。

有礼貌地适时鼓掌。在观看演出或者听音乐会时，要有礼貌地适时鼓掌，以表达对演员、指挥等所有演职人员的尊重和谢意。鼓掌要掌握好时机，不要随心所欲、想鼓就鼓。当演员首次出台亮相时应鼓掌，乐队指挥进场时应鼓掌，一个个高难度的杂技动作完成时应鼓掌，一首动听的歌曲演唱完毕时应鼓掌，演出告一段落时应鼓掌，演出全部结束时应起立热烈鼓掌。观看演出时，鼓掌若不得当，会产生副作用。比如演员的台词还没说完、交响乐的一个乐章尚未结束时就贸然鼓掌，不仅影响演出，而且会大煞风景。

不要随意拍照。在剧院看演出拍照是一件很忌讳的事情，一方面闪光灯可能会影响演员的表演；另一方面，拍照也涉及知识产权问题，国外的演出尤其重视这一点，所以尽量做到不拍照。

不要提前离场。提前离开是对所有演职人员的不尊重，如果是观看演出，则要在演出结束后报以热烈的掌声，等演员谢幕以后再退席。如果确实需要中途离开，离座时要弯腰行走，并对被挡住视线的观众表示歉意。

年轻情侣观看表演时不要把头凑得太近，以免影响后排人的视线。

四、舞会礼仪

不管是出国旅游还是在国内旅游，都可能遇到参加舞会的情况。涉外性质的舞会既可以单独举办，也可以作为宴会、晚会的压轴节目进行表演。得体的舞会礼仪能提高你的社交能力，让你在舞会上成为一个受欢迎的人。

（一）良好形象

参加舞会的男士宜着西服套装或长袖衬衫搭配长裤，女士可穿中长袖的连衣裙或晚礼服。

女士参加舞会一定要佩戴首饰，如项链、耳环、手镯、发饰等。因为舞会的气氛一般比较热烈，而且晚礼服是盛装，所以舞会的首饰应尽量选择贵重的珠宝，或者闪光的金属串链，它们会在灯光的照射下熠熠生辉。如果选择穿无袖的或者无肩带的礼服，最好着长手套。如果选择穿改良式的旗袍参加舞会，应把头发挽起来，并配上发饰。小手袋也是参加舞会必不可少的一件配饰。

参加舞会的女士一定要化妆，舞会的妆不同于舞台妆，比舞台妆稍淡，但是要略微比生活妆浓一些，这样在灯光下才会光彩照人，而不是惨淡无光。素面参加舞会是很失礼的行为。

舞会上通常不允许戴帽子、墨镜，也不能穿拖鞋、凉鞋、旅游鞋。

（二）邀请舞伴

按照惯例，在舞会上邀请舞伴时，男士应主动邀请女士。舞曲响起后，男士可走到想邀请的女士面前，先向她邻座的人点头示意，然后向想邀请的女士点一下头，或者欠身施礼，目视对方轻声说："请您赏光"或"可以请您跳舞吗"。女士不要轻易拒绝男士的邀请，如果对对方感觉不佳，或者因身体原因实在需要拒绝，也要注意说话的分寸和礼貌，委婉地拒绝对方。不能无动于衷，不作回应，否则会令提出邀请的男士很尴尬。女士拒绝男士的邀请后，不要马上接受其他人的邀请，以免对前者的自尊心造成伤害。

一般情况下，舞会上女士是不用主动邀请男士的，但特殊情况下，需要邀请长者或者贵宾时，则可以委婉地提出："先生，请您赏光"或"我能请您跳支舞吗"。男士一般不宜拒绝女士。

（三）注意事项

邀请好舞伴准备上场共舞时，男士应主动跟在女士身后，让女士选择跳舞地点。

下场后，不宜在舞曲未结束时先行离去，如果实在有事要中止跳舞，男士可在原地向女士告别，或把女士送到原来的地方再离开。

不要总和一个人跳舞，按照规则，结伴而来的一对男女，只要一同跳第一支舞即可，从第二支曲子开始，大家应该有意识地交换舞伴，以便认识更多的朋友。

第四节　小费礼仪

🗨 案例导入

他们为什么怠慢我们？

一对中国夫妇到美国度蜜月。他们每天早晨到酒店的餐厅吃早餐，早餐需要单点而不是自助。从第二天开始中国夫妇发现自己比别人先点完餐，食物却比别的桌到得晚，之后天天如此没有好转。离开美国前的最后一天早晨，中国夫妇点完餐，还是久久等不来，比他们到得晚的顾客纷纷获得了食物，有些客人甚至已经吃完早餐离开了。催促了多次未果后，这对夫妇大发雷霆用不太流利的英语向酒店投诉，甚至说他们是种族歧视，虽然酒店工作人员作出道歉，早餐也很快上来，但夫妇俩的好心情大受影响，这件事也成为蜜月之旅的一道瑕疵。夫妇俩一直没有弄懂为什么会遭受如此待遇，一次偶然的机会与一名礼仪专家交流，谈起此事，礼仪专家问道："你们是不是第一天早上吃完早餐没有支付小费？"夫妇俩点头，事情终于真相大白。

一、小费的由来

小费，兴起于 18 世纪英国的餐厅里，只要放些小钱在餐桌的小碗里，就能得到"保证最迅速的服务"，后来这个方法扩展到了其他行业。世界上许多国家都有给小费的做法。小费也称服务费，是客人感谢招待人员的一种报酬，它对服务人员是一项重要收入，顾客可凭此换来满意的服务。

在中国没有付小费的传统，有些行业没有服务费，有些行业中的服务费列入总体费用结算，不用单独给小费，所以，很多中国人出国常常习惯性地遗忘支付小费。大家需要了解的是，如果在必须支付小费的国家享受别人的服务而没有支付小费很可能会遭遇怠慢。目前世界上大部分国家都有支付小费的习惯，不支付小费的国家相对比较少，比较明确的没有支付小费习惯的国家和地区有中国、新加坡、日本、韩国、冰岛和塔希提岛。

二、给小费的场合

既然给小费能够享受更好的服务，那么是不是在国外所有的场合，只要有人为你服务就需要支付小费呢？其实不然，下面将介绍需要支付小费的场合。

（一）酒店服务

当进入酒店入住后，会享受工作人员的服务。一般来说，在酒店服务中需要给小费的对象主要分为四种：一是门童，当门童为客人叫出租车或者为其开关车门、大门时，一般应付给其小费。二是行李员，搬运行李后要给对方支付小费，如果行李比较多、比较重，可以适当多给一点小费。三是送餐员，在酒店住宿有时候会需要送餐服务，这时候也要支付小费。四是客房服务员，服务员的服务费已经包含在住宿费中，但从您下榻的第二夜起，还是应该支付小费。如果有事委托管理人员办理，基本小费是 5 美元，如果对服务非常满意，可以相应地多付小费，也许会得到更多的回报。

（二）餐厅

在餐馆用餐时，对上菜的服务员应给小费，但对领班的服务员则不必。到餐厅、酒吧和咖啡厅消费，一般应视其等级来调整小费的金额。一般来说，到高级餐厅应交付的小费约是消费额的10%~15%。

（三）交通出行

乘车时，对出租车司机应付小费，小费一般是车资的15%，但通常只付1美元即可。

另外要注意的是，对警察、海关检查员、大使馆职员、政府机关职员等公务人员绝不可付小费。

给小费时，应把欲付的小费放到茶盘、酒杯底下。有时也采取只将找回的整钱拿走，零钱留下作小费的方法。给服务人员的小费还是以纸钞为佳。给小费时，应避免给对方硬币，因为这会引发对方误解，让对方以为你对其服务不满意，给对方造成压力与不悦。

三、各国小费要求

世界各国支付小费的数额并不相同，小费给得过少或者过多都会被看作无礼和欠周到的表现，所以，最佳办法是咨询当地人士或朋友。

在英国的饭店或者高端消费场所，账单中已经包含了12.5%的服务费，小费比例通常在10%~15%。在酒吧，往往取决于你自己的意向，酒吧可以不付小费，但是鸡尾酒酒吧通常每桌还是要付12.5%的小费。乘坐伦敦的出租车，通常标准是以英镑为单位给整数，最多给10%。对于酒店的客房清洁服务和行李搬运服务，给2~3英镑即可。

总体上讲，给小费在美国很普遍，尤其在旅游旺季，几乎每个服务人员都会得到小费。在饭店，要支付15%~20%的小费，这比大多数地方都要高，但这里更可能直接给到服务员。按照此标准，在酒吧和俱乐部，15%左右的小费就可以，但每次至少给1美元。在纽约乘坐出租车，最后的小票金额上要加10%~15%的小费；但若司机选错了道路，则有权利不给小费，因为没有人会为司机的错误买单。对于酒店员工，两三美元就可以了。

巴黎人会告诉你，在巴黎没有给小费的标准。当法国人觉得服务很周到时，才会给小费。在饭店，小费往往包含在了账单里，但如果服务得很好，还是应该额外用现金支付5%的小费。通常情况下，不会给出租车司机小费，但为了方便，零头往往不要了。对于酒店员工，完全取决于你自己，通常几欧元就可以了。当来到酒吧时，习惯上不给小费，除非身旁有人给了，为了免于尴尬，你也应该给一点。

西班牙不强制要求给小费，但在不同的场所有不同的习惯。在高端的场所，很可能要求给小费。在饭店，小费往往已经加到价格里了，但这可能最终并不会到服务员，所以额外给5%~10%的现金小费还是提倡的。在看菜单时，你要仔细看看是否有7%的税已经包含在价格里，否则要加到最后的账单里。在西班牙小食吧，可以不给小费，但如果服务上乘，应该给一点。这里没有义务给出租车司机小费，但是5%~10%的小费是懂礼仪的体现。对于理发师也同样如此，尤其当你经常光顾同一家店的时候。在酒店，给相关人员几欧元即可。

不像其他许多欧洲国家，意大利通常是不用付小费的，当然如果你给小费，服务员会非常开心。在饭店，附加费通常是加到账单里，而且意大利人习惯对面包收取额外的费用，这两项被认为是在变相收取小费。然而，如果你觉得服务很周到，那么5%~10%的额外小费还是应该给的。给出租车司机小费，不是强制的，但支付车费后不要找零，还是懂礼仪的表现。对于酒店员工，几欧元就够了。

小费不是土耳其文化的一部分，所以一点儿小费就会令服务员很开心。在饭店和酒吧，应给侍者5%~10%的现金小费。出租车车费尽量给到整数。对生活上的服务，如理发，建议支付10%的小费，因为这样可以确保持续高质量的服务。

在葡萄牙的饭店，小费是收入的有力补充，所以10%的小费还是大力提倡的，但在上档次的餐厅里，账单里可能会加至15%。通常给出租车司机10%的小费，而在酒店，给相关服务员几欧元即可。记住，礼宾部的服务同样需要给小费。

最后要提醒大家的是，小费的核心精神是对提供服务者的肯定和省得对方找零。如果享受了优质服务，慷慨支付小费是十分必要的。关于小费支付的标准、场合，上文虽可作为参考，但是各国风俗各异，进行标准化比较困难。同时，为了避免尴尬和不快，在国外旅行时，应提前询问当地人或者熟悉当地习俗礼仪的人，了解最为准确的小费礼仪。

视频链接

（1）小米课堂。《日本旅游基础礼仪》：http://baishi.baidu.com/watch/70047352445344443505.html? frm=FuzzySearch769560。

（2）《天天向上·中华文明礼仪之美——旅行礼仪》https://www.mgtv.com/b/293628/3241731.html? cxid=11zus2now2。

第 六 章

涉外餐饮礼仪

　　中国有一句古话："民以食为天。""一起吃饭"是中国人最常见的社交方式，在西方世界也是如此。随着经济的发展，宴请与赴宴成了涉外交往中迎送宾客、结识新友、畅叙感情、增进交流的重要形式，发挥着无可替代的作用。所以，涉外餐饮礼仪也是涉外人士的必修课。本章将具体介绍涉外宴请礼仪、西餐餐饮礼仪和饮品礼仪。

第一节　涉外宴请礼仪

案例导入

国家主席习近平和夫人彭丽媛宴请参加 G20 杭州峰会的宾朋

2016 年 9 月 4 日至 5 日，以"构建创新、活力、联动、包容的世界经济"为主题的 G20 杭州峰会在浙江杭州隆重举行。二十国集团成员和嘉宾国领导人及有关国际组织负责人应邀与会。

9 月 4 日晚上，国家主席习近平和夫人彭丽媛在杭州西子宾馆举行欢迎宴会，宴请了参加 G20 杭州峰会的宾朋。据悉，此次国宴以杭帮菜为主打，包括：冷盘、清汤松茸、松子鳜鱼、龙井虾仁、膏蟹酿香橙、东坡牛扒、四季蔬果、点心、水果冰淇淋、咖啡、茶、张裕干红、张裕干白。这份看似朴素的菜单中，很多菜品都承载着岁月的积淀、文化的内涵，如四道主菜——膏蟹酿香橙、松鼠鳜鱼、龙井虾仁、东坡牛扒——都有数百年的历史。

在国宴的场合，礼仪能显示出一个国家的文明程度以及对来宾的重视程度。在风光旖旎、美食遍地的西子湖畔，G20 杭州峰会延续了我国一贯热情大气的风格，让来宾不只把心思留在中国，也把胃口留在中国。

一、涉外宴请的种类

涉外宴请的种类可以按照形式来分，也可以按照宴请的目的来分。

（一）按照宴请的形式，大致可分为宴会、招待会和工作餐

一般根据宴请的目的、宴请的对象和经费开支等因素来决定使用哪种宴请形式。

1. 宴会

宴会属于较为正式和隆重的招待，一般提供正餐，出席者按照主人安

排的席位就座，有服务员顺次上菜。

宴会有国宴、正式宴会、便宴、家宴之分。

按照举行的时间，又有早宴（早餐）、午宴、晚宴之分。

宴会的隆重程度、出席规格以及菜肴的品种与质量等要根据宴会的种类而有所不同。一般来说，晚上举行的宴会比白天举行的宴会更隆重。

（1）国宴。

"一带一路"国际合作高峰论坛欢迎宴会

国宴是国家元首或政府首脑为国家的庆典，或为外国元首、政府首脑来访而举行的正式宴会，因而规格最高，程序、安排、礼仪上都有十分严格的要求。宴会厅内悬挂国旗，安排乐队演奏国歌及席间乐，席间有致辞或祝酒词。

📃 延伸阅读

中国国宴大事记

① 1949年10月1日晚，中共中央在北京饭店举行新中国第一次国宴。招待参加新中国开国大典的贵宾。史称"开国第一宴"。

凉菜：桂花鸭子、油鸡、桃仁冬菇、虾仔冬笋、油吃黄瓜龙、五香熏鱼、镇江肴菜。

热菜：草菇蒸鸡、鲜蘑菜心、红烧鲤鱼、清炖狮子头。

主酒：汾酒。

点心：炸春卷、豆沙包、菜肉烧麦、千层油糕。

②1954年9月，第一届全国人民代表大会在北京召开。作为人大代表，班禅和达赖一起参加，国宴厨师知道西藏人爱吃牛肉，就把牛肉腌好，做成牛肉串。那天的国宴，牛肉串被班禅和达赖每人要了三次。

③1957年4月17日，苏联最高苏维埃主席团主席伏罗希洛夫来访，毛泽东在中南海怀仁堂设宴。外交部解密档案提供了当晚的菜单：冷盘、清汤白燕、红烧鱼翅、冬菇煨扁豆、炸鸡腿、松鼠桂鱼、莲蓉香酥鸭、冬瓜帽。标准是"六（热）菜一汤"。

④1971年2月，美国总统尼克松访华，当年的宴会菜单：黄瓜拌西红柿、盐焗锅鸡、素火腿、素鲫鱼、菠萝鸭片、广东腊肉腊肠、三色蛋；热炒：芙蓉竹荪汤、三丝鱼翅、两吃大虾、草菇盖菜、椰子蒸鸡；点心：豌豆黄、炸春卷、梅花饺、炸年糕、什锦炒菜。

⑤1984年开始，外交部根据中共中央和国务院有关领导的指示，对国宴的改革做了明确规定，国宴的标准是：总书记、国家主席、委员长、总理、军委主席、政协主席举办宴会，每位宾客的用餐标准为50~60元，如果宴请重要外宾，在80元内。一般宴会，每位宾客标准为30~40元。同年11月再次确定，宴请来访外宾的次数不宜过多，宴请时中餐四菜一汤，西餐一般两菜一汤，最多为三菜一汤。

⑥1997年7月1日，庆祝香港回归的国宴菜单：冷盘、浓汁海鲜、清蒸大虾、罐焖牛肉、草菇绿菜花以及点心和水果。

⑦2008年8月8日，国家主席胡锦涛在人民大会堂举行国宴，欢迎出席奥运会开幕式的政要。奥运国宴的菜单有冷拼：水晶虾、腐皮鱼卷、鹅肝、葱油盖菜和千层豆腐糕，组合成精美的中国宫灯。热菜：荷香牛排、鸟巢鲜蔬、酱汁鳕鱼；汤品：瓜盅松茸。北京烤鸭作为小吃提供。餐后甜品为点心和水果冰激凌。

⑧2015年9月3日上午，在纪念中国人民抗日战争暨世界反法西斯战争胜利70周年大会阅兵式结束之后，国家主席习近平设宴招待了出席上午纪念活动的嘉宾。国宴菜单内容包括：冷盘、松茸山珍汤、香草牛肉、奶香虾球、上汤双菜、酱烤鳕鱼、素什锦炒饭、点心、椰香西米露、水果、咖啡、茶、长城干红2010、长城干白2011。

⑨2017年5月14日，举世瞩目的"一带一路"国际合作高峰论坛召开，当晚中国国家主席习近平宴请了包括俄罗斯总统普京在内的28个国家领导人，这场宴会以丝绸之路为设计灵感，菜单主要是冷盘、点心、水果拼盘，还有四道热菜，分别是富贵龙虾、菌香牛肉、香草鳕鱼和花好月圆（根据英文的翻译应该是鸽子蛋和扇贝汤）。酒是中国河北产的干红和干白。除了席间的畅谈交流与精美的佳肴珍馐，另一个"主角"获得了国内外领导人的关注和由衷的喜爱赞赏——为本次国宴精心研发打造、代表着

中国陶瓷最高水平的陶瓷餐具。

⑩ 2017 年 11 月 8 日下午，应中国国家主席习近平邀请，美国总统唐纳德·特朗普抵达北京，开始对中国进行为期三天的国事访问。当晚，招待特朗普总统的国宴菜单有：冷盘、椰香鸡豆花、宫保鸡丁、番茄牛肉、上汤鲜蔬、水煮东星斑、点心、水果冰淇淋、咖啡、茶、长城干红。

（2）正式宴会。

正式宴会除不挂国旗、不奏国歌以及出席规格不同外，其余安排大体与国宴相同。有时也安排乐队奏席间乐，宾主均按身份排位就座。对餐具、酒水、菜肴道数、陈设，以及服务员的装束、仪态都会有相应的要求。通常菜肴包括汤和几道热菜，中餐一般用四道，也会视用餐的人数而定，但均为双数，西餐用两、三道，另有冷盘、甜食、水果。席间一般用两种酒：一种甜酒，一种烈性酒。如有条件，餐前可先在休息室稍事叙谈，通常上茶水、果汁等饮料，如无休息室也可直接入席。餐后一般不再回休息室座谈，也不再上饭后酒。

（3）便宴。

便宴，即非正式宴会，常见的有午宴、晚宴，有时也有早上举行的早餐。这类宴会形式简单，可以不排席位，不作正式讲话，菜肴道数亦可酌情，但仍需双数。便宴较随便、亲切，宜用于日常好友间交往。

（4）家宴。

家宴，即在家中设便宴招待客人，西方人喜欢采用这种形式，以示亲切友好。家宴往往由主妇亲自下厨烹饪，家人共同招待，气氛很温馨融洽。

2. 招待会

招待会是指各种不备正餐、形式较为灵活的宴请形式，通常备有食品、酒水饮料，通常都不排席位，可以自由活动。常见的如下。

（1）冷餐会，又称自助餐。

这种宴请形式的特点是：不排席位，菜肴以冷食为主，也可用热菜，连同餐具陈设在餐桌上，供客人自取。客人可以自由活动，可以多次取食。酒水可以陈放在桌上，也可以由招待员端送。冷餐会在室内或院子里、花园里都可以举行，可设小桌、椅子，自由入座，也可不设座椅，站立进餐。根据主、客双方的身份，冷餐会规格隆重程度可高可低，举办时间一般在中午 12 时至下午 2 时、下午 5 时至 7 时左右。这种形式常用于官方正式活动，以宴请人数众多的宾客。

（2）酒会，又称鸡尾酒会。

这种招待会形式较活泼，便于宾客广泛接触交谈。招待食品以酒水为主，略备小吃，不设座椅，仅置小桌或茶几，以便客人随意走动。酒会举行的时间也较灵活，中午、下午、晚上均可，请柬上往往注明整个活动延

自助餐

续的时间，客人可在其间任何时候到达和退席，来去自由，不受约束。

鸡尾酒是用多种酒配成的混合饮料，酒会上不一定都用鸡尾酒，但通常用的酒类品种较多，并配以各种果汁，不用或少用烈性酒。食品多为三明治、面包、小香肠、炸春卷等各种小吃，以牙签取食。饮料和食品由服务员用托盘端送，或部分放置小桌上由宾客自取。

近年国际上举办大型活动采用酒会的形式日渐普遍。庆祝各种节日，欢迎代表团访问，各种开幕、闭幕典礼，文艺、体育招待演出前后往往会举行酒会。自 1980 年起，我国国庆招待会也改用酒会形式。

（3）茶话会。

茶话会是一种简便的招待形式，举行的时间一般在下午 4 时左右，也有上午 10 时左右举行的。茶话会通常设在客厅。厅内设茶几、座椅，不排席位。但如果是为某贵宾举行的活动，入座时，应有意识地将主宾同主

酒会

人安排坐到一起，其他人可随意就座。茶话会，顾名思义，就是请客人品茶。因此，茶叶、茶具的选择要有所讲究，或具有地方特色，一般用陶瓷器皿，而不用玻璃杯。

3. 工作餐

工作餐是现代人际交往中经常采用的一种非正式宴请形式，有的甚至由参加者各自付费——采用 AA 制，大家利用进餐时间，边吃边谈工作中的问题。按用餐时间可分为工作早餐、工作午餐、工作晚餐。

在代表团访问中，往往因日程安排太紧而采用这种形式。这种用餐形式一般只请与工作有关的人员，不请配偶。工作进餐往往安排长桌以便于谈话，其座位排法与会谈桌席位排法相仿。

（二）按照宴请的目的，宴请可以分为三种

1. 礼节性质的宴请

它是为迎接重要来宾或政界要员的公务性来访，为庆祝重大节日或重要仪式而举行的宴会。这种宴请有一定的礼宾规格和程序，有较严格的礼仪要求。

2. 交谊性质的宴请

它主要是为了沟通感情、表示友好、发展友谊而举行的宴请，如接风、送行、告别、聚会等。

3. 工作性质的宴请

它是主人或参加宴会的人因为工作关系而举行的宴请，以便在餐桌上商谈工作。

二、涉外宴请的原则与准备

（一）涉外宴请的原则

宴请通常遵循国际通用的五 M 的原则。

1. Meeting——约定

首先要确定宴请的时间，时间上要尊重对方的选择。

2. Money——节俭、务实

强调宴请的花费，要量力而行，不要铺张浪费，不要过度消费。

3. Menu——菜单

注意选择菜品，要考虑被宴请人的喜好、习惯、禁忌等，不可自作主张。

4. Mediun——介质，即宴请的环境

环境很重要，它决定了宴请的档次和水准。

5. Manner——举止

宴请是一种较高档次的交往活动，一定要注意自己的行为举止。

（二）涉外宴请的准备

宴请对宾客而言是一种礼遇，必须按照规格及有关礼仪礼节的要求来准备。根据涉外宴请的原则，涉外宴请的准备应当从以下几个方面进行。

1. 确定宴请对象

确定宴请对象是开展宴请活动的第一步。请谁、请到哪一级别、请多少人等都是确定宴请对象所要考虑的内容。宴请对象的确定主要是根据主、客双方的身份，一般来说，宴请的主客双方身份要对等。例如，驻外使馆宴请驻在国部长级以上官员，一般由大使（临时代办）出面邀请，低级官员请对方高级人士，就不礼貌。通常邀请主宾偕夫人出席，主人若已婚，一般以夫妇名义发出邀请。

宴请对象分为主宾和其他宾客。

2. 约定宴请时间

确定邀请对象之后，便需要与宾客方沟通好宴请时间。一般来说，宴请的时间应对主、客双方都合适。在涉外宴请中，要注意各国礼仪文化的差异，注意不要选择对方的重大节假日、有重要活动或有禁忌的日子和时间。例如，对信奉基督教的人士不要选 13 号。伊斯兰教在斋月内白天禁食，宴请宜在日落后举行。小型宴请应首先征询主宾意见，最好当面约请，也可用电话联系。主宾同意后，时间即被认为最后确定，可以此约请其他宾客。

3. 确定宴请形式

宴请采取何种形式，一般根据宴请的目的、宴请的对象、经费开支及当地习惯做法等因素来决定。一般来说，正式、规格高、人数少的以宴会为宜，人数多的则以冷餐或酒会更为合适，妇女界活动多用茶话会的形式。

目前各国礼宾工作都在简化，宴请范围趋向缩小，形式也更为简便。酒会、冷餐会被广泛采用，而且中午举行的酒会往往不请配偶，不少国家

招待国宾的宴会只请身份较高的陪同人员，不请随行人员。我国也在进行改革，提倡多举办冷餐会和酒会以代替宴会。

4. 确定宴请地点

宴请的地点十分重要，它体现了主方对客方的尊重，也决定了宴请的档次和水准。在确定宴请形式之后，要对宴请地点进行精心选择。官方正式隆重的活动，一般安排在政府、议会大厦或高级酒店内举行，其余则按照活动性质、规模、形式、主客意愿等而定。

5. 确定菜品

宴会的菜品主要依据主宾的喜好与禁忌而定，例如，伊斯兰教徒用清真席，不用酒，甚至不用任何带酒精的饮料；印度教徒不能用牛肉；佛教僧侣和一些教徒吃素；也有因身体原因不能吃某种食品的。如果宴会上有个别人有特殊需要，也可以单独为其上菜。大型宴请，则应照顾到各个方面。菜肴道数和分量都要适宜，要讲究节俭原则，不要一味地使用山珍海味。在地方上，宜用有地方特色的食品招待，用本地产的名酒。无论哪一种宴请，事先均应开列菜单，并征求主管负责人的同意。获准后，如是宴会，即可印制菜单，菜单一桌两、三份，至少一份，讲究的也可每人一份。

6. 席位安排

正式宴会一般均排席位，而且最好要有专人引导，以免混乱，也可只排部分客人的席位，其他人只排桌次或自由入座。

国际上的习惯，桌次高低以离主桌位置远近而定，右高左低。桌数较多时，要摆桌次牌。两桌以上的宴会，其他各桌第一主人的位置可以与主桌主人位置同向，也可以以面对主桌的位置为主位。同一桌上，席位高低以离主人的座位远近而定。外国习惯，男女进行交叉安排，以女主人为准，主宾在女主人右上方，主宾夫人在男主人右上方。

以上是国际上安排席位的一些规则。遇特殊情况，可灵活处理。如遇主宾身份高于主人的情况，为表示对他的尊重，可以把主宾摆在主人的位置上，而主人则坐在主宾的位置上，第二主人坐在主宾的左侧。但也可按照常规进行安排。如果本国出席人员中有身份高于主人者，譬如部长请客，总理或副总理出席，可以安排身份高者坐主位，主人坐身份高者左侧，但少数国家也有将身份高者安排到其他席位上的习惯。若主宾有夫人，而主人的夫人不能出席，则通常可以请其他身份相当的妇女作第二主人。如无适当身份的妇女出席，也可以把主宾夫妇安排在主人的左右两侧。

席位排妥后应当制作座位卡。我方举行的宴会，中文写在上面，外文写在下面。卡片用钢笔或毛笔书写，字应尽量写得大些，以便于辨认。便宴、家宴可以不放座位卡，但主人对客人的座位也要有大致安排。

7. 制作请柬并正式发出邀请

各种宴请活动，一般均发请柬，这既是出于礼貌，也可以对客人起到提醒、备忘的作用。便宴约妥后，发不发请柬均可。工作进餐一般不发请柬。有些国家，邀请最高领导人作为主宾参加活动，需单独发邀请信，其他宾客发请柬。

请柬一般提前一周至两周发出（有的地方须提前一个月），以便被邀请人及早安排。已经口头约妥的活动，仍应补送请柬。需安排座位的宴请活动，为确切掌握出席情况，往往要求被邀者答复能否出席。这时，请柬上一般注上"请答复"字样，也可以在请柬发出后，用电话询问能否出席。

国际上习惯对夫妇两人发一张请柬，我国遇到需凭请柬入场的场合每人发一张。正式宴会，最好能在发请柬之前排好席位，并在信封下角注上席次号。请柬发出后，应及时落实出席情况，准确记载，以安排并调整席位。即使是不安排席位的活动，也应对出席率有所估计。

请柬模板

为欢迎×国总统×××先生及其随行人员访华，兹定于20××年×月×日（星期三）晚上8时整在钓鱼台国宾馆举行宴会。

恭请光临。

请回复，电话：010-12345678

中国外交部（盖章）

请由1号门进

您的座位在1号桌

请柬内容包括活动形式、举行的时间及地点、主人的姓名（如以单位

名义邀请，则用单位名称）。请柬行文所提到的人名、单位名、节日名称都应用全称。中文请柬行文中一般不提及被邀请人的姓名（其姓名写在请柬信封上），主人姓名放在落款处。请柬可以印刷也可以手写，如手写字迹要美观、清晰。请柬信封上被邀请人的姓名、职务要书写准确。

三、涉外宴请的流程与现场工作

（一）涉外宴请的流程

（1）主人一般在门口迎接客人。官方活动，除男女主人外，还有少数其他主要官员陪同主人排列成行迎宾，通常称为迎宾线。

（2）主宾到达宴请场所后，与迎宾线人员一一握手致意。

（3）主宾由主人陪同进入休息厅进行简单的会谈，并与其他客人见面。如其他客人尚未到齐，迎宾线上其他人员应代表主人在门口迎接。其他客人到达后，由工作人员引进休息厅。

如无休息厅则直接进入宴会厅，但不入座。

涉外宴请流程图

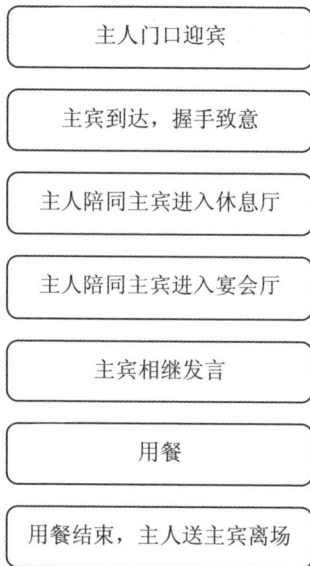

主人门口迎宾

主宾到达，握手致意

主人陪同主宾进入休息厅

主人陪同主宾进入宴会厅

主宾相继发言

用餐

用餐结束，主人送主宾离场

（4）主人陪同主宾进入宴会厅，全体客人就座，宴会即开始。如休息厅较小，或宴会规模大，也可以请主桌以外的客人先入座，贵宾席的客人最后入座。

（5）一般正式宴会会有正式讲话，各国安排讲话的时间不尽一致。一般可在入席之后、用餐之前由主人讲话，接着由客人讲，也可以在进食热菜之后、甜食之前由主人讲话，接着由客人讲。冷餐会和酒会的讲话时间则更灵活。

（6）开始用餐，一般吃完水果，主人与主宾便起立，宴会结束。

📝 延伸阅读

外国人的日常宴请在女主人为第一主人时，往往以她的行动为准。入席时女主人先坐下，并由女主人招呼客人开始就餐。餐毕，女主人起立，邀请全体女宾与之共同退出宴会厅，然后男宾起立，尾随进入休息厅或留下抽烟（吃饭过程中一般是不能抽烟的）。男女宾客在休息厅会齐，即上茶（咖啡）。

（7）主宾告辞，主人送至门口，主宾离去后，原迎宾人员按顺序排列，与其他客人握别。

📝 延伸阅读

家庭便宴则较随便，没有迎宾线。客人到达，主人应主动趋前握手。如主人正与其他客人周旋，未发觉客人到来，则客人应前去握手问好。饭后如无余兴，即可陆续告辞。通常男宾应先与男主人告别，女宾与女主人告别，然后交叉，再与家庭其他成员握别。

（二）涉外宴请的现场工作

1. 现场布置

工作人员应提前到现场进行布置和准备工作。

宴会厅和休息厅的布置取决于活动的性质和形式。官方正式活动场所的布置应该严肃、庄重、大方。不要用红绿灯、霓虹灯装饰，可以少量点缀鲜花、刻花等。

宴会既可以用圆桌，也可以用长桌或方桌。一桌以上的宴会，桌子之间的距离要适当，各个座位之间也要距离相等。如安排有乐队演奏席间乐，不要离得太近，乐声宜轻。宴会休息厅通常放小茶几或小圆桌，与酒会布置类同，如人数少，也可按客厅布置。

冷餐会的菜台用长方桌，通常靠四周陈设，也可根据宴会厅情况，摆在房间的中间。如坐下用餐，可摆四、五人一桌的方桌或圆桌。座位要略多于全体宾客人数，以便客人自由就座。

酒会一般摆小圆桌或茶几，以便放花瓶、烟缸、干果、小吃等。也可在四周放些椅子，供妇女和年老体弱者就座。

2. 服务员的工作

服务员的工作直接关系到宴请活动的顺利进行。因此，国际上对服务人员的礼节、服务水平，乃至服饰要求都很高，隆重的官方活动要求尤为严格。服务人员都受过正规训练。

宴请中，服务员的工作大体应注意以下几个方面：

（1）服饰整洁，头发梳理平整，面部妆容精致淡雅，指甲修剪清洁。

（2）讲礼貌，面带笑容。说话声音轻，语言亲切，用词得当，多带"请""您""谢谢""对不起""请原谅"等词语。

（3）熟悉宴请礼节。

客人入座，协助挪动椅子。

熟悉菜单，掌握上菜速度。正餐上菜，先客人，后主人；先女宾，后男宾；先主要客人，后其他客人。如一人上菜，也可以从主人右侧的客人开始，按顺序上菜。隆重的宴会，也有要求严格按礼宾顺序上菜的。上菜时，左手托盘，右手夹菜，从客人左边上。

倒酒水则应右手持瓶，从客人右侧倒。每道菜上完第一轮后，待一些客人吃完，再上第二轮。如不上第二轮，可将余下的菜稍做整理放在桌上，供客人自取，待上下道菜后再撤下。往桌中上菜与撤盘，宜选在两名主方陪客之间进行，并先打招呼，以免不慎碰洒菜汁。

客人吃完，应从右侧撤换餐具。但撤前一定要注意客人是否已吃完（西餐可看刀叉是否已合拢并列，如八字或交叉摆开，则表示尚未吃完，不能撤）。如无把握，可轻声询问。切忌当客人正吃时撤换，这是很不礼貌的。撤换餐具，动作要轻，还要用的餐具如正好放在盘上，可轻轻拿开，再把盘子取走。

（4）工作时不吃东西，不抽烟，不饮酒，工作前不吃葱蒜。在一旁侍立时，姿势要端正，不要歪身倚靠在墙上或服务台上，更不要互相聊天、谈笑。多人侍立，应排列成行。正式宴请，主人或客人发表讲话时，应立即肃静，停止上菜、斟酒，在附近备餐间也应安静，不要发出声音。演奏国歌时应肃立，停止走动。

（5）在宴会厅内走动，脚步要轻快，动作要敏捷，轻拿轻放。

（6）遇招待人员或客人不慎打翻酒水，应马上处理，撤去杯子，用干净餐巾垫上。如溅在客人身上，要协助递送毛巾或餐巾，帮助擦干（如对方是妇女，男服务员不要动手帮助擦），表示歉意。

第二节　西餐餐饮礼仪

💬 案例导入

餐饮礼仪是一个人教养的表现

郭先生是一名外贸公司的业务经理。有一次，他因为工作上的需要在国内设宴招待一名来自英国的生意伙伴。有意思的是，那一顿饭吃下来，令对方最为欣赏的，倒不是郭先生专门为其准备的丰盛菜肴，而是郭先生在陪同对方用餐时的一处细小的举止表现。用那名英国客人当时的话来讲就是："郭先生，你在用餐时一点儿响声都没有，让我感到你的确具有良好的教养。"

随着东西方文化的不断渗透与交融，吃西餐也成了我们日常生活中一件很平常的事。西餐厅一般比较宽敞，环境幽雅，桌与桌之间离得较远，所以相对中餐厅更安静，更便于交谈。因此，在宴请中，西餐颇受现代人的青睐，尤其是年轻人和出国留学回来的人。西餐文化讲究规矩，注重礼仪，所以，了解一些西餐方面的礼仪知识是十分必要的。

一、西餐的分类与特点

西餐，顾名思义，是西方国家的餐食。西方国家，是相对于东亚而言的欧洲国家，西餐的准确称呼应为欧洲美食或欧式餐饮。其菜式料理与中国菜不同，一般使用橄榄油、黄油、番茄酱、沙拉酱等调味料。不同的主食都是搭配上一些蔬菜，如番茄、西蓝花等。东方人通常所说的西餐主要包括西欧国家的饮食菜肴，当然同时还包括东欧各国、地中海沿岸等国和一些拉丁美洲国家（如墨西哥等国）的菜肴。

西餐，是我国对西方国家菜肴的统称，但各地还是有些差异。

（一）西餐的分类

西餐一般可粗略分为两类：一类是以英、法、德、意等国为代表的

"西欧式西餐"，又称"欧式西餐"，其特点是选料精纯，口味清淡，以款式多、制作精细而享有盛誉；第二类是以俄罗斯等国为代表的"东欧式西餐"，也称"俄式西餐"，其特点是味道浓，油重，以咸、酸、甜、辣皆具而著称。此外，在英国菜的基础上发展起来的"美式西餐"也独具特点，并且日益风行。

西餐可以细分为英国菜、法国菜、俄国菜、美国菜、意大利菜和德国菜等，各国菜系自成风味，其中尤以法国菜最为突出。

（二）西餐的特点

无论是何种风格的西餐，与中餐相比，都具有以下几个显著的特点。

1. 讲究营养，注重搭配

西餐极重视各类营养成分的搭配组合，充分考虑人体对各种营养（如糖类、脂肪、蛋白质、维生素和热量等）的需求来搭配菜肴。

2. 选料精细，用材广泛

西餐烹饪在选料时十分精细、考究，而且用材十分广泛。如美国菜常用水果制作菜肴或饭点，咸里带甜；意大利菜则会将各类面食制作成菜肴，各种面片、面条、面花都能制成美味的席上佳肴；法国菜的选料更为广泛，诸如蜗牛、洋百合、椰树芯等均可入菜。

3. 讲究调味，强调色泽

西餐烹饪的调味品大多不同于中餐，如酸奶油、桂叶、柠檬等都是常用的调味品。法国菜还注重用酒调味，在烹调时普遍用酒，不同菜肴用不同的酒做调料。德国菜则多以啤酒调味。在色泽的搭配上则讲究对比、明快，因而色泽鲜艳，能引起食欲。

4. 工艺严谨，器皿讲究

西餐的烹调方法很多，常用的有煎、烩、烤、焖等十几种，而且十分注重工艺流程，讲究科学化、程序化，工序严谨。烹调的炊具与餐具均有不同于中餐的特点，特别是餐具，除瓷制品外，水晶、玻璃及各类金属制餐具占很大比例。

二、西餐的席位礼仪

（一）西餐席位礼仪的基本原则

1. 恭敬主宾

在西方宴会中，主宾是极受尊敬的。即使宴请的宾客中有身份、年龄高于主宾的，主宾也仍是邀请方关注的中心。在安排座次时，主宾通常紧靠着主人就座。

2. 女士优先

西方国家特别注重对女性的尊重，所以，在西餐礼仪里，往往是女士优先。排列位置时，一般以女主人为第一主人，而男主人为第二主人。

3. 距离定位

西餐桌上席位的尊卑，是由其距离主位的远近决定的，距主位近的位置的尊贵程度要高于距主位远的位置。

4. 面门为上

按照西餐礼仪的要求，面对餐厅正门的位置要高于背对餐厅正门的位置。

5. 交叉排列

西餐排列席位时，讲究交叉排列的原则，即男女应当交叉排列，熟人和生人也应当交叉排列。在西方人看来，宴会是拓展人际关系的场合，交叉排列的用意就是让人们能多和周围客人聊天认识，以达到社交目的。

（二）西餐席位礼仪的位次排列

西餐的位次排法与中餐有一定的区别，中餐多使用圆桌，西餐则以长桌为主。长桌的位次排法主要有以下两种方式：

（1）长桌进行位次排列时，男女主人分坐两头，门边坐男主人，面门一端坐女主人，男主人右边是女主宾，女主人右边是男主宾，其余依序排列。

（2）桌子是 T 形或门形时，横排中央位置是男女主人座位，身旁两边分别是男女主宾座位，其余依序排列。

男次宾　女宾　男宾　女主宾
●　　●　　●　　●

女主人 ●

● 男主人

●　　●　　●　　●
男主宾　女宾　男宾　女次宾

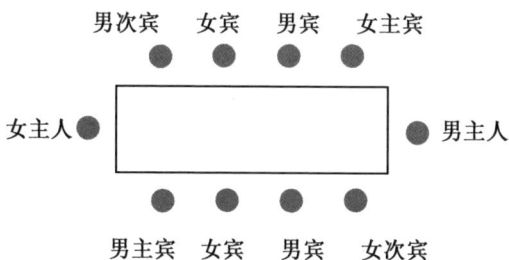

西餐长桌席位图

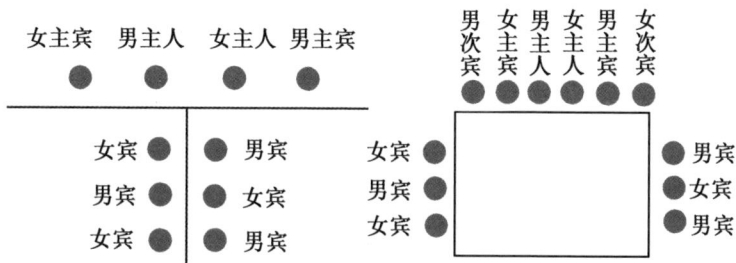

女主宾　男主人　女主人　男主宾
●　　　●　　　●　　　●

男次宾 女主宾 男主人 女主人 男主宾 女次宾
●　　●　　●　　●　　●　　●

女宾 ●　　● 男宾

男宾 ●　　● 女宾

女宾 ●　　● 男宾

女宾 ●

男宾 ●

女宾 ●

● 男宾

● 女宾

● 男宾

西餐 T 形桌、门形桌席位图

三、西餐的餐具礼仪

（一）西餐餐具的种类及摆放

西餐所用的餐具主要是刀叉、餐匙、餐巾等。

在正规的西餐宴会上，通常都讲究吃一道菜换一副刀叉，品尝每道菜肴时，都要使用专门的刀叉，不可乱用。根据食物的不同，刀叉的形状也不同，有吃鱼专用的刀叉、吃肉专用的刀叉、挑抹黄油专用的餐刀、吃甜品所用的刀叉等。

刀叉的摆放一般是餐刀在右，餐叉在左，均是纵向摆放在餐盘的两侧，方便用餐者使用。叉如果不是与刀并用，叉齿应该向上。如果不懂各种形状的刀叉使用规则，只要记住依次从两边由外侧向内侧取用即可。

（二）刀叉的用法

1. 刀叉的区别

西餐的主要进食工具是餐刀和餐叉，这两样既可以配合使用，也可以单独使用。餐刀主要用来切割食物，可分为 3 种：一种是带小锯齿的，用

西餐餐具摆放图

来切割肉类食物；另两种也带锯齿，较大的餐刀是用来将大片蔬菜切成小片的；小巧型的，刀尖是圆头、顶端上翘的餐刀，是用来切开面包、挑抹果酱或奶油在面包上的。

餐叉是用来叉起食物的，可以单独用于叉餐或取食，也可以用于取食头道菜和馅饼，还可以用于取食无需切割的主菜。

2. 刀叉的握法

用刀时，应将刀柄的尾端置于手掌之中，以拇指抵住刀柄的一侧，食指按在刀柄上，其余三指则顺势弯曲，握住刀柄。持叉应尽可能持住叉柄的末端，叉柄倚在中指上，中间则以无名指和小指为支撑。

3. 刀叉的使用

刀叉的使用一般有两种方法：一种是英式法，另一种是美式法。

英式法要求用餐者在吃饭时，始终右手持刀，左手持叉，边切割边取食，将食物叉起时，叉尖是朝下的。美式法要求用餐者右刀左叉，一次性把餐盘中的食物全部切成小块后，将刀放在盘子上，注意刀刃要朝内，然后叉子从左手换到右手，用叉子叉起已经切成小块的食物食用，吃的时候叉尖朝上。但无论使用哪种方法，都不要用刀挑食物吃，动作要轻缓，不让刀叉磕碰牙齿或餐盘发出声响。

在西餐宴会上，客人很少直接传唤服务员，受过训练的服务员会根据用餐者使用刀叉时所传达的信息去为客人服务。比如餐盘中的食物还未吃完，要继续用餐，则应将刀叉分开呈三角形摆放；而如果餐盘的食物已经吃完，还想添加饭菜时，则应将刀叉分开呈八字形摆放；如果已经吃饱，虽然盘中还有食物，但已经不想再吃了，那么，可将刀叉一起纵向摆放在餐盘上，服务员看到这些，会过来收拾刀叉和餐盘的。

（三）餐匙的用法

在正式的西餐宴会中，每套餐具中会摆放两把或两把以上的餐匙。这里主要介绍两种餐匙：一种是汤匙，另一种是甜品匙。两者形状不同，用途也完全不一样。较大的是汤匙，它一般纵向摆放在用餐者的右手边；较小的是甜品匙，它一般横向摆放在吃甜品专用刀叉的正上方。

在使用餐匙取食时，动作要干脆，不可将甜品或汤羹来回翻搅。一旦舀出部分品尝时，要一次性吃完，切忌一餐匙的食物，反复品尝几次。使用餐匙时，要尽量保持餐匙的干净，不要弄得匙面和匙柄到处是食物。餐匙除了可以喝汤和吃甜品外，不可直接舀取其他菜肴。使用餐匙后，应将它放回原位，不可放在甜品或汤碗中。

（四）餐巾的用法

餐巾看似普通，在餐桌上却发挥着多重作用。不同的餐巾可以根据宴会的性质叠成不同的图案，如扇形、皇冠形、长方形等，形状各异的餐巾可与就餐环境相得益彰。一般餐巾会放置在水杯中，也可平放在用餐者左侧的桌面上或底盘上。

餐巾一般是在开始用餐时使用，先将餐巾对折，将褶线朝向自己，平铺在并拢的双腿上，主要是为了防止进餐时掉落的菜肴、汤汁弄脏衣物，不要将餐巾当作围兜系在身上或裤腰上。用完餐后，餐巾可用来擦拭嘴巴，一般是用餐巾的末端顺着嘴唇轻轻擦拭，弄脏的地方可向内侧翻卷。餐巾还可以在剔牙的时候作为遮挡，剔出来的食物残渣可直接包在餐巾上，并将餐巾向内折起。特别要注意的是餐巾不可用来当毛巾使用，不能擦汗，也不能擦脸，更不能用来擦拭餐具。

在西方的宴会上，餐巾就是用来做擦拭之用的，宾客尽量不要拿出自己的手帕或者纸巾来代替餐巾，这不仅违反用餐的礼仪，而且会让主人觉得是在嫌弃餐巾的卫生。离席的时候，应将餐巾脏的一面朝向餐桌，用盘子或刀具压住餐巾的一角，让其从桌沿自然垂下，这样比较雅观。

四、西餐的用餐礼仪

（一）用餐场合

1. 鸡尾酒会

鸡尾酒会的形式比较活泼、简单，也方便人们进行交流。宴会上主要用酒水来待客，备上些许小食品，如面包、点心、蛋糕等。服务生端着托盘，把饮料或点心拿给顾客。国际上许多大型活动都会使用鸡尾酒会的形式招待客人。

在鸡尾酒会上，最好手中揣着餐巾，以便随时将手擦干净。左手持着酒杯，见到熟人或打招呼的人，随时要伸出右手与之相握。

2. 晚宴

在西方，人们习惯将正式宴会安排在晚上8点后举行。举行这类宴会，说明主人对宴会很重视，一般是为了庆祝某个重大节日、庆祝某项活动或欢迎某位重要人物。正式晚宴一般要事先排好座次，并送出请柬。宴会上还有小型乐队进行现场演奏，主人与宾客间会相互祝酒、致辞。

另外一种是家庭便宴。这种宴会气氛亲切友好，一般邀请的都是主人的亲朋好友，地点选择在家里，因此，服饰、餐具、布置都较为随意。

西方的晚宴一般都会邀请夫妇一同出席。

3. 自助餐

自助餐是招待会较为常见的宴会类型，可以是早餐、中餐、晚餐，也可以是茶点。饭菜会一一装盘放在餐桌上，供客人自行挑选。举行的地方可以在室内，也可以在室外，比如花园里、院子里，如果邀请的人数较多，自己又难照顾周全，则自助餐是最佳的选择。

参加自助餐的宴会，需要遵循"少吃多跑"的原则，一次不要取用太多食物，可以多跑几次，取食物时要排队等候。用完餐后，要将餐具放回到指定的地方，以减轻主人的工作量。

（二）餐桌礼仪

1. 用餐形象

正式的西餐宴会一般对着装有要求，要求女士着晚礼服、男士着西装。若非正式的宴会，也应当注意个人形象。西餐的用餐环境一般都很优雅，因此在个人形象上也要与之匹配。在用餐过程中，女士应化淡妆，男士应整理好头发、衣着，应干净大方。用餐后，切记不要当众补妆，在部分国家，当众补妆是极其不礼貌的行为，应当去洗手间补妆。

2. 入座礼仪

入座是西餐礼仪的第一步。在比较正式的宴会上，应从椅子的左边入座。首先站立在座位的左边，左脚先往前迈出一步，然后右脚迈至椅子前方，最后左脚往右迈一步，这样简单的三步就是最标准的入座动作。如果你的座位在最左边靠墙的地方，无法从左侧进入，则可以从右边入座，步伐同左侧入座刚好相反。

如果男士和女士一同用餐，男士应为女士挪开凳子，协助女士入座，以显绅士风度。就座后，坐姿应端正，女士双腿应并拢。

3. 私人物品的放置

如今，在西餐厅用餐时，一般有专门给顾客放置包包、外套等随身物品的地方，以方便客人用餐、交谈、跳舞等。在这些地方用餐时应当遵循该礼仪规范，将随身物品放置于专门的区域。若需要，可请求服务员的帮助。

4. 举止礼仪

吃面包时，要用食指和拇指把面包撕下来一小块放入口中食用，不要用刀切面包，也不要用叉子叉着吃。如果需要抹上黄油，不要把整块面包全都抹上黄油，而应将黄油抹在撕下来的小块面包上。

吃硬面包时，用手撕不但费力而且面包屑会掉落，此时可用刀先将面包切成两半，再用手撕成块来吃，避免像用锯子似的锯面包。

喝汤不能吸着喝，一定要用汤匙舀汤，而且舀汤的方向应该是由内向外，然后把汤送入口中，尽量不要发出声音。

用餐期间，如果餐具不慎掉落到地上，可招手示意服务员代捡，并送一份新的过来，不要自己低头弯腰去捡。

西餐是吃文化、吃氛围，西餐厅一般都很安静，光线柔和，伴有舒缓的轻音乐，所以用餐、交谈、走动都要尽量轻缓，不要破坏其他用餐者的雅兴，更不要吸烟、剔牙、大声呼唤服务员或高声劝酒等。

📋 延伸阅读

世界三大菜系

世界三大菜系是指东方菜系、西方菜系和清真菜系。东方菜系，也叫中国菜系，包括中国、日本、韩国、东南亚一些国家，以中餐为代表，是世界食用人口最多的一个菜系。西方菜系，也叫法国菜系，包括欧洲、美洲、大洋洲等许多国家，占地面积最大，以西餐为代表。清真菜系，又称为土耳其菜系，包括中亚、西亚、南亚及非洲一些国家。

第三节　饮品礼仪

📋 案例导入

被误解的"热情"

卢先生是一名酒水代理商。为扩大业务，卢先生希望能与法国某知名红酒品牌合作，法方也看重他拥有的固定的销售渠道和销售对象，故派代表来与他会谈。法方代表不仅带来了诚意，还带来了该企业珍藏多年的名酒。卢先生设宴款待法方代表。宴会开始后，卢先生亲自打开了法方带来的红酒，并为在场的随行人员每人斟了满满一杯，并向他们敬酒，自己首先一饮而尽，以表示热情的欢迎，晚宴未结束，法方代表便提前离开了。法方代表回国后回复老板说："卢先生根本不懂红酒，不能跟这样的人合作。"

原来，红酒不能一开瓶就直接倒入杯子里，需要先醒酒，在斟酒时也不能直接斟满，只能倒杯子的四分之一至三分之一，饮酒前可对酒杯进行摇晃，观察酒的色泽、挂壁情况等。在法国人看来，喝红酒喝的是一种情调和气氛。卢先生平时喜欢跟朋友喝啤酒或白酒，斟酒时都会斟满，喝酒也会一饮而尽，他认为这是热情的表现，但是这一次的"热情"却被误解了。

一、饮酒的礼仪

酒是餐桌上十分重要的一部分，中国乃至世界的饮酒文化源远流长。掌握饮酒礼仪在涉外交际中十分必要。

（一）酒的分类与特点

酒的品种繁多，分类方法也不同，这里介绍以酿造方法和饮酒时间为依据的分类。

1. 按照酿造方法分类，可分为酿造酒（发酵酒）、蒸馏酒和配制酒

酿造酒的特点是酒精度数低，一般在3%～18%，且营养成分较丰富，不宜长期储存，像黄酒、葡萄酒、果酒、啤酒等都属于酿造酒。

蒸馏酒的特点是酒精度数高，一般在30%以上，中国白酒、伏特加、威士忌、白兰地、金酒、朗姆酒号称世界六大蒸馏酒系列，这类酒几乎不含人体所必需的营养成分，由于是蒸馏冷凝后的原酒，必须经过长期陈酿，短则2～3年，长则8～15年甚至更久。

我国的配制酒分为露酒和调配酒两类，其中著名的露酒有竹叶青、蛇酒、麝香酒、参茸酒等，而鸡尾酒则是最为典型的调配酒。

2. 按照饮酒时间分类，可分为餐前酒、进餐酒和餐后酒。

餐前酒，也叫开胃酒，是在正式用餐前饮用的，一般有鸡尾酒、威士忌、伏尔加、啤酒、葡萄酒等。开胃酒不宜喝太多，喝多反而影响食欲。

进餐酒是正式用餐时饮用的酒，通常是指葡萄酒。正式西餐，在每道菜上来之时，服务生都会倒上酒，酒随菜的不同而不同，通常是"白酒配白肉，红酒配红肉"。白肉，指鱼肉、鸡肉、海鲜等，一般搭配白葡萄酒；红肉则指牛肉、羊肉、猪肉等，一般搭配红葡萄酒。白葡萄酒适宜在7℃左右喝，可以加冰块；红葡萄酒的最佳饮用温度是18℃。因此，在饮用葡萄酒时，一定要用高脚玻璃杯，并用手指捏住杯脚。

餐后酒是有助餐后消化的酒，比如白兰地，其酒精浓度在42%～43%。这种酒的品尝方式是，用手掌握住酒杯，用手心的温度将酒加温，待其香味四溢时，再小酌品味，不可一饮而尽。

（二）酒杯的分类与特点

通常情况，饮用不同的酒就会选用其专用的酒杯。在正式宴会中，每名用餐者桌面上右边的位置，大都会摆放着三四只酒杯，取用顺序依次是从外侧向内侧。这里介绍几种常见的酒杯。

1. 啤酒杯

主要用于装啤酒，造型的总体特点是杯身高、容量大。

啤酒杯　　　　　　　　左为红葡萄酒杯、右为白葡萄酒杯

2. 葡萄酒杯

葡萄酒杯是高脚杯，因为葡萄酒对外界温度很敏感，手握葡萄酒杯杯身会对葡萄酒特性造成影响。饮酒时的握杯姿势应当是用拇指和其他四指捏住葡萄酒杯的"高脚"部位。

葡萄酒杯又分为白葡萄酒杯和红葡萄酒杯，红葡萄酒杯容量和开口大于白葡萄酒杯，因为白葡萄酒大多在低温的情况下饮用，在低温状态下酒香和酒味不明显，小的开口更利于维持酒香的长久。

3. 香槟杯

香槟杯又可以叫郁金香杯，其设计形式主要是为了保持酒香，并观赏晶莹透明的气泡。

4. 白兰地杯

白兰地杯一般只用来饮用白兰地，其容量为240～300毫升，根据形状特点还有个绰号——"大肚杯"。当初采用这种设计形式就是为了方便人们手托"大肚"周围让酒升温，以便让白兰地散发出更多的香味。

香槟杯　　　　　　　　　白兰地杯

5. 鸡尾酒杯

　　鸡尾酒杯，顾名思义，是专门用来盛装鸡尾酒的酒杯，又叫三角杯。但是，现在的鸡尾酒杯不局限于"三角"这一种形状了，有些地区把它的杯脚设计成循环折线形式，就是我们通常所说的"造型"鸡尾酒杯。

鸡尾酒杯　　　　　　　　威士忌杯

6. 威士忌杯

　　威士忌杯是专门用来饮用威士忌的。酒杯呈圆筒形，杯底很厚，这是因为喝威士忌的时候都要加冰块，一般加三四块冰块，冰块在酒杯里摇晃，杯子没有厚度是不行的。所以，威士忌杯比白兰地杯厚得多。

（三）斟酒礼仪

　　不同的酒在斟酒的时候，方法和量不一样。比如，白酒应斟满；啤酒应该斟满，让其泡沫满溢；葡萄酒则只要斟 1/4 或 1/3 杯即可；香槟酒在斟酒时倒入七八分，让泡沫满至杯口即可；而白兰地等烈酒通常只需要斟1/10 杯即可。斟酒时酒瓶瓶口不要接触到杯口。

正式用餐前，主人为表示对来宾的敬重和友好，会亲自斟酒，应注意当场启封酒，斟酒时要一视同仁。要按照顺时针的方向，先为尊者和嘉宾倒酒。为他人斟酒之前，要充分尊重对方的意愿。如果对方因信仰、习惯或身体健康等缘故不能喝酒，可为其提供饮料或茶水代替，不要非让对方喝酒，毕竟祝酒干杯是需要两厢情愿的。

（四）敬酒礼仪

在参加宴会时，晚辈向长辈敬酒、下属向领导敬酒、身份低者向身份高者敬酒是一种礼貌、尊重的表现。敬酒可随时在用餐过程中进行。敬酒时，敬酒之人应起身站立，面朝被敬之人，右手端持酒杯，或以左手托扶杯底，面带微笑，眼神柔和，并致以简短的祝福。

敬酒前应充分考虑好敬酒的顺序，分清主次，应以年龄长幼、职位高低、主宾身份为先后顺序，特别是跟不熟悉的人在一起，最好事先打听对方的身份和称呼。与人碰杯时，应将自己的酒杯低于对方的酒杯，以表示尊敬之意。与对方距离较远时，可以用酒杯轻磕桌面，表示相互碰杯，但如果是向长辈或职位高的人敬酒，应该端杯走到他跟前。

但是敬酒也要尊重对方的意愿，对于酒量不佳、身体不适的人不要勉强其喝酒，男士也不要总是向女士敬酒。

被敬酒时，即使实在不想喝酒，也不要一概拒绝，甚至偷偷倒酒等，这些都是不礼貌的行为，可以仅沾唇而不真正喝酒，或以果汁、水等其他饮品来代替，向对方说明情况即可。

敬酒时，若碰杯，杯口应当低于被敬酒人的酒杯，碰杯时忌讳动作太粗鲁，敬酒人应当先饮酒。

酒固然可以助兴，但是酗酒伤身。而且现在很多人自己开车，开车不喝酒，喝酒不开车，以免发生危险。若迫不得已喝酒，应当找代驾。

（五）世界各国的饮酒文化

古有"把酒问青天""借问酒家何处有""何以解忧，唯有杜康"等传世名句，都跟酒有关系。人类历史发展至今，酒一直在人际交往中占据着重要的地位，不仅在中国，在世界其他国家也是如此。出于历史、文化、地域的差异，世界各国的酒文化、酒俗也不尽相同，这里介绍几个典型国家的酒文化。

1. 法国：优雅浪漫的葡萄酒

法国是优雅浪漫的国度，他们的浪漫情怀也发挥到了酒文化上。法国人酷爱葡萄酒，喜欢细品慢饮，讲究喝酒的气氛和情调。法国大餐配上葡萄酒，享受浪漫的餐饮时光，是一件非常美好的事情。

2. 韩国：酷爱烧酒与啤酒的混合物

韩国人爱喝酒，职场人士下班后大部分都会去喝酒。在韩国，随处可见烧酒房。韩国最受欢迎的酒是烧酒，著名的烧酒品牌为真露，其销量连续3年被《国际酒饮料》杂志评为第一。近年来，韩国人爱上了喝烧酒与啤酒的混合物——炸弹酒。

3. 日本：不醉不归的清酒

1000多年来，清酒一直是日本人最常喝的酒，酒精含量在15%以上，其酿造方法借鉴了中国黄酒的酿造方法。日本人喜欢吃生鱼片、寿司，这时候往往也搭配一杯清酒，极大地增强了日式料理的美味度。

4. 俄罗斯：浓烈豪爽的伏特加

俄罗斯人性格豪爽、刚烈，喝酒也是如此。伏特加虽然不是俄罗斯独产的，但每年在俄罗斯的销量最多。伏特加酒精浓度极高，口味烈、能提神，在俄罗斯受到极大的欢迎。

5. 英国："生命之水"威士忌

威士忌的主要产地是英国的苏格兰。英国人把痛饮威士忌作为人生一大乐事，甚至有人认为威士忌是用"生命之水"制成的，可以消除疲劳。苏格兰有100多家威士忌酒厂，90%用来出口。

6. 德国：慕尼黑啤酒节

在德国，啤酒被称为"液体面包"，是德国人最爱喝的饮料，每年的慕尼黑啤酒节更是享誉世界。

二、饮咖啡的礼仪

咖啡是世界三大无酒精饮料之一（其他两大饮料为茶和可可）。在世界各地，尤其是西方国家，人们越来越爱喝咖啡。无论是在咖啡馆、办公室还是在家里，喝咖啡成为了一种重要的生活方式，是朋友聚会、加班、聊天的必备饮品。

（一）咖啡的分类与特点

咖啡可以从种植、处理、烘焙、萃取和出品等多个方面进行分类。从咖啡豆的种类和烘焙的程度来看，咖啡可以分为意式咖啡和单品咖啡：意式咖啡是由来自多个产地的咖啡豆经过中深或深度烘焙，再拼配而成，不同咖啡豆的混合是为了兼顾咖啡的甜度、醇厚度等，人们常喝的浓缩咖啡、美式咖啡、花式咖啡都属于意式咖啡；而单品咖啡是由来自单一产地或产区的咖啡豆经浅度或中度烘焙而成，较浅的烘焙度是为了体现各产区的风味。

💬 延伸阅读

咖啡馆里常见的咖啡种类

现代社会去咖啡馆喝咖啡的人越来越多，咖啡馆里的咖啡原材料一般是由意式咖啡机研磨而成的，国际上称之为 espresso。咖啡馆一般会自备奶精、砂糖等，用于顾客根据口味自行添加。这里介绍几种咖啡馆常见的咖啡，

美式咖啡：一般是咖啡馆里最便宜的咖啡，直接用 espresso 兑水制成，味道淡、颜色浅、微苦。喝美式咖啡最能品尝到咖啡的原味。

拿铁咖啡：是 espresso 与牛奶的经典混合物，杯底先倒入少量 espresso，然后加入大量牛奶，顶端是一层浓密的牛奶泡沫。

卡布奇诺：卡布奇诺跟拿铁一样，都是 espresso 加牛奶加奶泡制成的，区别在于卡布奇诺的奶泡比牛奶多，拿铁的牛奶比奶泡多。

摩卡咖啡：摩卡咖啡除了有 espresso 和牛奶外，还加入了巧克力，其顶端会放置一层鲜奶油并撒上巧克力酱或者可可粉。因此，摩卡咖啡很甜。

焦糖玛奇朵：它的做法是在 espresso 中加入牛奶、糖浆，顶端也放置奶泡，但在奶泡上再盖上一层焦糖，味道也很甜。

（二）咖啡餐具的使用方法

咖啡餐具分为咖啡杯、咖啡匙和咖啡碟。

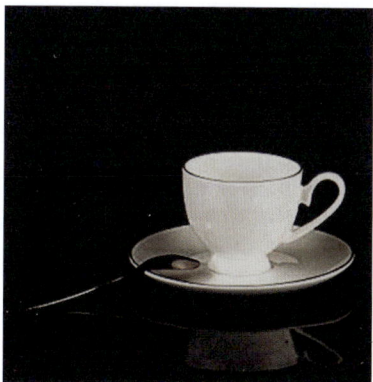

咖啡杯、咖啡匙、咖啡碟

咖啡杯一般很袖珍，它的杯耳较小，手指无法穿出。咖啡杯的正确拿法是用拇指和食指捏住杯把儿将杯子端起。它应当放在饮用者的正面或者右侧，杯耳应指向右方。

咖啡匙是专门用来搅拌咖啡的，饮用咖啡时应当把它取出来。不要用咖啡匙舀着咖啡一匙一匙地慢慢喝，也不要用咖啡匙来捣碎杯中的方糖。用咖啡匙搅拌配料时动作要轻缓，使配料和咖啡充分融合均匀；搅拌完后，应将咖啡匙靠近杯子的内沿，使咖啡顺势滴下后再放回碟子。

盛放咖啡杯的杯碟都是特制的。坐着喝咖啡时，只需端起杯子；只有起身站立或走动时，才将咖啡杯和碟一起端起来。

当然，随着咖啡越来越受欢迎，大街上随处可见人们捧着一次性纸质杯喝咖啡，能静坐在咖啡馆享受下午茶时光的人越来越少。虽然生活节奏越来越快，但为了环保，还是建议大家少用一次性纸质用品。

（三）咖啡的饮用礼仪

喝咖啡时，要特别注意个人的行为举止。应从饮用的数量、配料的添加、品用的方法等方面加以注意。

喝咖啡时要注意适可而止，所点咖啡每人不要超过三杯，喝咖啡不是为了解决口渴。

根据个人口味的需求，喝咖啡时可以往杯里添加一些改善口味的配料，比如牛奶、糖块等。某种配料用完时，不要大声呼叫，也不可给他人添加配料。给咖啡添加砂糖时，要用小勺舀取；若是添加方糖，则应用夹子先夹取方糖放置在咖啡碟上，再用咖啡勺将方糖加入杯中。添加任何配料，动作都要尽量轻缓，避免咖啡溅出而弄脏衣物。

喝咖啡本身是一种很惬意的交际方式，所以举止也应得体、文雅。握住咖啡杯时，要用右手的拇指和食指扣住杯把，不可双手握杯或用手托住杯底，也不可俯首就杯喝。不能用咖啡匙舀着咖啡喝，也不可将杯中咖啡一饮而尽。

三、饮茶的礼仪

茶是世界三大无酒精饮品之一。茶的故乡是中国，中国有着悠久的种茶历史，也有着独特的敬茶礼节和饮茶风俗。中国周边国家（如日本、韩国、俄罗斯）的人们也酷爱喝茶。随着全球化的发展，茶在国际社会上也越来越受欢迎。在涉外交往中，以茶待客既是传承也是时尚。

（一）茶的种类与特点

茶从工艺制作上可以分为六大类：绿茶、红茶、黄茶、白茶、青茶和黑茶。

1. 绿茶

绿茶，又称不发酵茶。其干茶色泽和冲泡后的茶汤、叶底以绿色为主色调，所以叫绿茶。中国的绿茶中名品最多，不但香高味长，品质优异，且造型独特，具有较高的艺术欣赏价值。著名的绿茶有西湖龙井、碧螺春、武夷岩、庐山云雾等。

2. 红茶

因其干茶色泽和冲泡的茶汤以红色为主色调，所以叫红茶。著名的红茶有祁门红茶、大吉岭红茶等。

3. 黄茶

黄茶具有"黄叶黄汤"的特色，属于轻发酵茶。这种黄色主要是制茶过程中进行渥堆闷黄的结果。著名的黄茶有蒙顶黄芽、霍山黄芽、温州黄汤、皖西黄大茶等。

4. 白茶

白茶，顾名思义，是白色的茶。白茶一般不多见，主要产于福建省，台湾省也有少量出产。白茶最主要的特点是毫色银白，滋味鲜醇可口。中医药理证明，白茶性清凉，具有退热降火之功效。白茶的主要品种有银针、白牡丹、贡眉、寿眉等。

5. 青茶

青茶的主要特征是色泽青绿、汤色金黄。我国有名的青茶有大红袍、铁观音、乌龙等。

6. 黑茶

黑茶的主要特征是：汤色成暗褐或暗黑色。黑茶加工制造过程中一般堆积发酵时间较长。此茶主要供一些少数民族饮用，藏族、蒙古族和维吾尔族群众喜好饮黑茶，黑茶是其日常生活中的必需品。著名的黑茶有湖南黑茶、普洱茶、黑砖茶、茯砖茶等。

（二）斟茶礼仪

泡茶是品茶过程中很讲究的阶段，主人最好不要当着客人的面用手取茶冲泡，应该用茶勺舀取茶叶，或用茶罐盖轻磕茶罐将茶叶倒入茶壶或茶杯。

要充分考虑宾客的喜好。条件允许的话，可以事先多准备几种茶叶供宾客选择。询问宾客有无禁忌，如果宾客回答"随意"，则应尽量选择茶味适中或具有特色的茶叶。如果宾客不喜欢喝茶，可以询问其是否喝其他饮料。通常，不习惯喝茶的人，也会及时向主人说明。

看茶时，应当遵循"茶不宜满，七分最好"的原则。水温不能太烫，避免宾客喝茶心切或不小心打翻而被烫伤。茶不宜冲泡太久，茶叶不宜太多，否则泡出来的茶比较浓厚、苦涩。

一般待客时，可由晚辈为宾客奉茶。会见重要客人时，主人应该亲自奉茶。而在工作场合待客时，一般由秘书为宾客上茶。宾客较多时，应遵循先客后主、先主宾后次宾、先长辈后晚辈、先女后男的原则，也可以将茶水全部泡好，随宾客自取。

为宾客斟茶续水时，不要妨碍他人，应一手拿起茶杯，在远离宾客身体、座位和桌子的地方把水续上。如果是围坐在桌旁喝茶，则应示意对方即将续水，请宾客注意茶壶。

（三）品茶礼仪

茶的本性是恬淡平和的，因此，饮茶时应当仪表整洁，举止庄重得体，落落大方。若对方奉茶的是身份高者或长辈，应起身站立，双手捧接。对方为自己续水时，也应以礼相待，面带微笑，点头示意，并说"多谢"。端茶时，应用一只手持握杯把，另一只手托住杯底或杯口，不能直接用手拿握杯口或端起杯底。

品茶时，应小口细心品尝，每饮一口茶后，茶水应在口中稍停留片刻再吞咽，这样才能品出茶叶的香味。同时，还应称赞茶味的香浓可口。不可一饮而尽，也不能喝出"咕咚"的声音来。茶水太烫时尽量不去吹，应放置待其自然冷却后再喝。不要用手去掏杯中的茶叶嚼吃。

在喝茶的过程中，主人也许会向宾客介绍所饮茶叶的来历，宾客应细心听主人讲解，细致品完之后应加以赞赏，不能随口加以贬低，更不能说"没听说过这种茶的名字""这茶喝起来也不过如此""这茶叶没泡好"等失礼的话语。

📱 视频链接

（1）国家精品在线开放课程（慕课）《现代礼仪》第七章：http://www.icourse163.org/course/HNU－20005。

（2）中央电视台 10 频道《百家讲坛》之《金正昆谈礼仪：宴会礼仪》：http://tv.cntv.cn/video/VSET10/1769c8969d3e4fad9d7c36d7a7f73be6。

（3）中央电视台 10 频道《百家讲坛》之《金正昆谈礼仪：西餐礼仪》：http://tv.cntv.cn/video/VSET10/be75c1e0986f46a1a119c50f5c7a298e。

（4）中央电视台 10 频道《百家讲坛》之《金正昆谈礼仪：酒水礼仪》：http://tv.cntv.cn/video/VSET10/1cf17396e8394dfd9bc831f66e7bba0b。

💬 延伸阅读

[1]　姬仲鸣,周倪.孔子:上卷[M].北京:中央民族大学出版社,1998.

[2]　杨朝明.荀子[M].开封:河南大学出版社,1998.

[3]　朱熹.大学中庸章句[M].北京:中国社会出版社,2013.

[4]　司马光.资治通鉴[M].北京:中国华侨出版社,2013.

[5]　袁涤非.现代礼仪[M].北京:高等教育出版社,2014.

[6]　袁涤非.女性现代礼仪[M].长沙:湖南大学出版社,2016.

[7]　袁涤非.商务礼仪实用教程[M].北京:高等教育出版社,2016.

[8]　袁涤非.教师礼仪[M].北京:中国人民大学出版社,2018.

[9]　尹敬湘,喻子敬.涉外礼仪知识[M].武汉:武汉大学出版社,2015.

[10]　金正昆.涉外礼仪[M].北京:中国人民大学出版社,2007.

[11]　中国人权发展基金会外事委员会.涉外礼仪常识[M].北京:新星出
　　　版社,2005.

[12]　余锋.大学生涉外礼仪[M].北京:中国人民大学出版社,2014.

[13]　黄怀信.大学·中庸讲义[M].北京:清华大学出版社,2013.

[14]　伊娜·德拉弗雷桑热,索菲·加谢.巴黎女人的时尚经[M].张一乔,
　　　彭欣乔,蔡宛娜,刘应韶,译.北京:中信出版社,2015.

[15]　冈思,莫隆妮.风格白痴[M].朱耘,译.南昌:江西科学技术出版社,
　　　2010.

[16]　朴惠敏.四季美妆物语[M].王纪实,译.南宁:广西科学技术出版社,
　　　2012.

[17]　宫田理江.手绘365天的穿搭灵感2:造型·场合·细节·趣味[M].
　　　满新菇,译.桂林:漓江出版社,2013.

[18]　木木.我最想要的饰品搭配书[M].北京:龙门书局,2011.

[19] 苏瑾.90天修炼气质女神[M].北京:现代出版社,2014.

[20] 伊恩.麦克尼尔,SportMedBC.爱上跑步的13周[M].潘小飞,译.海口:南海出版社,2014.

[21] 马克思·斯多姆.生命之光[M].王博,译.北京:中信出版社,2011.

[22] 李伦新,王柳媚.百位名人话健身[M].上海:上海人民出版社,2011.

[23] 苏珊娜·瓦尔特,克里斯蒂娜·M,胡伯.我的第一本职场礼仪书:女人赢在形象力[M].郝湉,译.北京:中华工商联合出版社,2012.

[24] 艾米丽·博斯特.你的礼仪价值百万[M].唐娜,译.北京:北京工业大学出版社,2016.

[25] 金正昆.外事礼仪(第6版)[M].北京:首都经济贸易大学出版社,2017.

[26] 舒静庐.国际礼仪[M].上海:上海三联书店,2015.

[27] 东方晓雪.涉外礼仪[M].郑州:中原农民出版社,2005.

[28] 张怡.涉外礼仪[M].上海:中国纺织大学出版社,1996.

[29] 金正昆.涉外礼仪教程[M].北京:中国人民大学出版社,2014.

[30] 周加李.涉外礼仪[M].北京:机械工业出版社,2017.

[31] 舒静庐.国际礼仪[M].上海:上海三联书店,2015.

[32] 万里红.最实战商务礼仪[M].北京:机械工业出版社,2012.

[33] 靳羽西.中国绅士[M].北京:中信出版社,2006.

[34] 张岩松、车秀英.现代旅游礼仪[M].北京:清华大学出版社,2013.

[35] 伍海琳.旅游礼仪[M].长沙:湖南大学出版社,2009.

[36] 陆永庆,王春林,郑旭华.旅游交际礼仪[M].大连:东北财经大学出版社,2006.

[37] 李世化.商务宴请礼仪规范[M].北京:企业管理出版社,2015.

[38] 黄伟迪.如何成为一名出色的点菜员[M].南京:江苏美术出版社,

2012.

[39]　游宇.商务宴请赢在点菜[M].北京:中国轻工业出版社,2008.

[40]　纪亚飞.优雅得体中西餐礼仪[M].北京:中国纺织出版社,2014.

[41]　陈弘美.用刀叉吃出高雅—西餐礼仪[M].北京:生活·读书·新知
　　　三联书店,2012.

[42]　坎托.鸡尾酒经济学:酒会闲话经济循环[M].北京:中信出版社,
　　　2009.

[43]　赵佐荣,刘淑娟.茶与咖啡:经济交往与文化礼仪[M].银川:宁夏人
　　　民出版社,2006.

[44]　王芳.西餐文化与礼仪[M].北京:中国轻工业出版社,2016.

[45]　陈薇薇,吴肇庆.国际商务礼仪[M].成都:四川大学出版社,2016.

[46]　刘文秀.每天学点礼仪知识[M].北京:中国法制出版社,2016.

[47]　张立玉.实用商务涉外礼仪(双语版)[M].北京:北京理工大学出版
　　　社,2009.

[48]　孙源鲲.涉外礼仪ABC[M].北京:世界知识出版社,2007.

[49]　詹德华,丛中啸.涉外礼仪[M].北京:接力出版社,2006.

[50]　李维冰,丁章华.外国饮食文化[M].北京:中国商业出版社,2006.

[51]　林莹,毛永年.西餐礼仪[M].北京:中央编译出版社,2010.

[52]　李永生,杜琳.涉外交际礼仪[M].北京:外语教学与研究出版社,
　　　2007.

[53]　张国斌.外交官说礼仪[M].北京:华文出版社,2009.

[54]　马保奉.外交礼仪漫谈[M].北京:中国铁道出版社,1996.

[55]　王长远.企业家外交礼仪[M].北京:中国经济出版社,1990.

[56]　江英,赵科,王龙.青少年外交礼仪指南[M].乌鲁木齐:新疆青少年
　　　出版社,2005.

[57] 陈静.职场礼仪一本通[M].南昌:百花洲文艺出版社,2012.

[58] 陶玉立.你的礼仪价值百万[M].北京:中国华侨出版社,2012.

[59] 刘连兴.大学生礼仪修养[M].济南:山东大学出版社,2004.

[60] 李晶.现代国际礼仪[M].武汉:武汉大学出版社,2008.